解 密 拼 多 多　淘 金 拼 多 多

拼多多拼什么

商业模式+店铺运营+爆品打造

袁国宝◎著

WHAT PDD FIGHT FOR

中国经济出版社
CHINA ECONOMIC PUBLISHING HOUSE
北 京

图书在版编目（CIP）数据

拼多多拼什么：商业模式＋店铺运营＋爆品打造/袁国宝著．
—北京：中国经济出版社，2019.1（2019.11 重印）
ISBN 978－7－5136－5376－3

Ⅰ.①拼… Ⅱ.①袁… Ⅲ.①电子商务—商业企业管理—研究—中国 Ⅳ.①F724.6

中国版本图书馆 CIP 数据核字（2018）第 222126 号

责任编辑　牛慧珍
责任印制　马小宾
封面设计　久品轩工作室

出版发行　中国经济出版社
印 刷 者　北京力信诚印刷有限公司
经 销 者　各地新华书店
开　　本　710mm×1000mm　1/16
印　　张　16
字　　数　185 千字
版　　次　2019 年 1 月第 1 版
印　　次　2019 年 11 月第 4 次
定　　价　58.00 元
广告经营许可证　京西工商广字第 8179 号

中国经济出版社 **网址** www.economyph.com **社址** 北京市东城区安定门外大街 58 号 **邮编** 100011
本版图书如存在印装质量问题，请与本社销售中心联系调换（联系电话：010－57512564）

前言 PREFACE

自 2015 年 9 月上线以来，拼多多在短短三年时间里就突破了 3 亿用户、百万商家、1400 亿 GMV，日订单量超过京东、仅次于淘宝，跻身于国内电商平台“第三极”。那么，拼多多是如何在三年时间里实现迅猛发展呢？在阿里、京东两大巨头主导的电商格局下，拼多多成功逆袭秘诀是什么？如何深度解读拼多多的社交电商模式，其背后蕴藏着怎样的消费逻辑？对于店铺商家来说，如何在拼多多平台上打造爆款、提升成交率？

现代企业之争已经不再是简单的产品之争、个体企业之争，而是商业模式之争、生态系统之争。在商业模式方面，社交拼团是拼多多占领制高点的关键所在，用户找到合适的商品后，如果想要以极具性价比的拼团价格购买，需要发起拼团，将商品购买链接分享给朋友圈、微信群、QQ 群等社群中的好友，当下单人数满足一定要求时，即可成功购买。

显然，和传统电商模式相比，社交拼团模式具有强烈的社交属性，使购物过程具备了温度与交互体验，充分利用社交圈内人与人之间的信任关系，以极低的营销成本实现裂变式传播。同时，信息过载时代，人们已经厌倦了商家王婆卖瓜式的硬性推广，再加上购物场景的移动化、碎片化，使电商流量成本持续攀升，而社交拼团使拼多多能够借助用户的自发分享，低成本引入海量流量，打破了电商模式发展的瓶颈。

在生态系统方面，经过了三年的积累与沉淀，拼多多初步建立起了上游厂商、电商平台、物流服务商、入驻商户以及广大用户共同参与的闭环生态，通过直连工厂反向定制，从源头上把控商品质量，充分满足用户个性化需求的同时，去除渠道商、分销商等诸多中间环节，显著降低商品流通成本，最大限度让利广大用户。

拼多多将入驻商户视为自身的战略合作伙伴，是利益共同体乃至命运共同体。拼多多推出了品牌清仓、9.9 特卖、新品推荐等一系列丰富多元的线上活动，并为不同的活动设计差异化的参与门槛，迎合了发展阶段及利益诉求有所不同的商户的个性需要。同时，拼多多对商家的客服、发货、物流、售后等提出了较高的要求，引导商户确保商品与服务质量，给用户创造优良购物体验，回归到为用户创造价值的商业本质。

此外，在拼多多的闭环生态中，用户不仅是单纯的商品购买者，更是传播者、分享者，甚至是设计者、定价者。拼多多坚持以用户为中心，用户反馈意见受到高度重视，通过大数据分析处理用户评论，挖掘用户潜在需求，制定选品计划、营销计划、仓储计划、物流计划等。

良性闭环生态的存在，使各参与主体都能从中获益，实现多方共赢。这吸引了很多卖家逃离淘宝等传统电商平台投身拼多多怀抱。拼多多案例成为相关从业者研究学习的重点对象，他们意欲从中学习互联网思维与电商新玩法，借鉴运营技巧与经验。

然而，从诸多实践案例来看，外界更多地将焦点集中到了拼多多的低价方面，没有真正认识到其商业模式的内涵与本质，更忽略了拼多多在供应链把控、入驻商家管理、生态构建、用户服务等方面的领先优势。在这种情况下，对拼多多的研究学习自然很难取得预期效果，入驻平台的新手卖家虽然可以享受模式红利，但面对蜂拥而至的竞争对手，以及平台为了追求极致用户体验而给卖家设置的“严苛”规则，难免会感到茫然无措。

鉴于此，作者在对拼多多运营管理进行深入分析的基础上创作了本书。本书共分为拼多多崛起、重构电商生态圈、社交新零售、社交拼团、基础运营、进阶运营及爆款运营七大部分，立足于拼多多商业模式的解读，全面梳理拼多多的创业发展轨迹，从社交电商、生态格局、产品运营、用户运营、拼团攻略、店铺运营、爆款打造等方面入手，结合对互联网电商领域的观察与研究，深刻揭示拼多多的成功之道，并为拼多多商家提供行之有效的运营指导与实战策略，是意欲掘金移动互联网时代的创业者、零售企业、电商卖家、企业管理者的必读之作。

目录 CONTENTS

第3章 社交新零售：实现“人货场”的高效匹配

第4章 拼团攻略：大连接时代的社交电商新路径

第 1 章

拼多多崛起：

社交红利时代的电商新模式

1.1 拼多多：新型社交电商的诞生与崛起

拼多多："电商 + 社交"的典型代表

在互联网时代，电商与社交是最受关注的两大领域，因为流量变现离不开电商，而社交又牢牢掌控着流量。从 2013 年开始，人们就开始对"电商 + 社交"模式进行探索，催生了各种各样的产品，但只有拼多多成功地存活了下来，并实现了迅猛发展。

在很多人看来，从社交到电商是一个非常自然的发展过程，但从电商到社交则是一个错误的发展方向，很难达到目的，所以从电商到社交不可行。但拼多多的成功证明了从电商到社交的可行性，成为"电商 + 社交"领域的典型代表。

2015 年 9 月，一家专注于 C2B 拼团的社交电商平台上线，就是拼多多。在拼多多平台，用户将拼团消息通过朋友圈、微信群传播出去，让亲友好友参与拼团，以低价购买商品。这种通过沟通分享形成的社交是拼多多独有的社交电商思维。上线一年，拼多多单日成交额就达到了 1000 多万，付费用户达到了 1 亿人；上线两年，用户从1亿变成了3亿。淘宝、京东等电商平台3~4年的发展之路，拼多多用了不足10个月的时间就走完了，可见拼多多发展速度之快。

图1-1　拼多多APP界面

团购模式始于Groupon，这个团购网站成立于2008年，让用户通过拼团享受优惠，创造了一种连通线上、线下的购物方式。在国内，拉手网等团购平台采用的就是这种拼团模式，后来，在“百团大战”期间，美团网去掉“多人团”，打破消费场景的限制，在众多团购平台中脱颖而出。

到目前为止，C2B电商产生了两种比较成功的模式，一是众筹，二是团购。前者解决的是资金问题，后者解决的是卖家获取流量、买家享受优惠的问题。现如今，当初的团购网站美团已发展为本地生活服务平台，而新兴的购物网站拼多多则成为真正的团购平台。

起初，因为场景限制，拼多多并不被人们看好。后来，随着拼团模式爆火，人们才看到拼多多的发展潜力与发展前景。拼多多之所以能成功崛起，实现迅猛发展，就是因为其模式得到了消费者认可，满足了消费者低价买好货的需求。

起初，拼多多被人们视为一种营销手段；现如今，拼多多已发展成一种商业模式。具体来看，拼多多解决了用户三大问题：

（1）商品价格低；

（2）购买、支付方便快捷；

（3）用户可以放心购买。

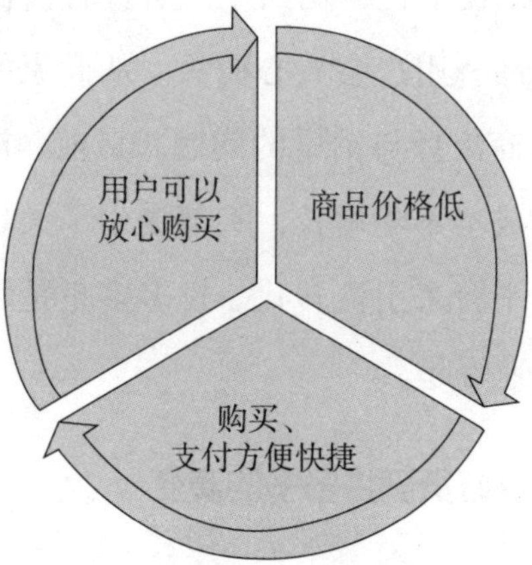

图 1－2　拼多多解决用户三大问题

有观点称拼多多解决了用户参与问题，而参与并非用户需求，用户参与的目的是为了低价购买商品。拼多多正是用这种参与感让低价变得理所当然。

一般来说，人们认为“一分钱一分货”，价格低，产品质量往往较差。培育用户往往需要消耗大量时间、精力、人力、物力，这一点小米已经证实。一款手机产品尚且如此，更何况是一个综合电商平台。要想让用户产生“享受到了优惠”的感觉，就要采取一些措施让廉价变得合理，比如买赠、折扣、秒杀、满减等。

在便捷购买与支付方面，亚马逊凭借“一键下单”功能使成交额有了大幅提升，可见对于电商平台来说便捷多么重要。淘宝、京东等电商平台的用户主要来自一二线城市，三线及以上城市只有部分用户接触过这些电商平台，很多用户直接跳过PC互联网成为移动互联网用户，大部分用户没有支付宝，却安装了微信，开通了微信支付。拼多多就培育了这些用户，引导其购买低价优质商品，将其发展为自己的用户。

过去，消费者信任平台；现如今，消费者信任亲朋好友，对于亲朋好友推荐的商品，用户会放心购买。从商家的角度来看，拼多多帮他们解决了电商流量与销量的问题。目前，淘宝、天猫、京东等电商平台的获客成本不断增长，头部集中了大量订单，普通中小商家亟须一个新的平台来引流转化。拼多多正是因为解决了这些行业问题才实现了迅速崛起。

发展历程：从拼好货到拼多多的演变

在消费升级趋势下，拼多多反其道而行，通过“团购+低价”策略快速崛起。有人认为拼多多的这种策略终会走向末路，也有人认为拼多多的这种模式可以真正做到互联网电商去中介化。

根据拼多多官方提供的数据，目前，拼多多拥有3亿用户，上百万商家。猎豹电商2017年12月发布的数据显示，拼多多的周活跃渗透率已超过天猫、苏宁易购、唯品会、京东，仅次于手机淘宝，位列第二。这个2015年9月才上线的APP是如何在这2年多的时间内实现迅猛发展的呢?

◎ 从拼好货到拼多多

拼多多80后创始人黄铮从小就是一名优等生，从杭州外国语学校到浙江大学竺可桢学院，再到美国威斯康星大学，他的求学之路一帆风顺。在美国期间，黄铮遇到了自己的伯乐——步步高集团董事长段永平。从威斯康星大学毕业后，黄铮听从段永平的建议进入谷歌，当时谷歌员工不足千人。

2006 年，黄铮和李开复等人一起回国创建谷歌中国办公室。

2007 年，在段永平的支持下，黄铮开始自主创业，电器类电商、电商代运营、社交游戏等，黄铮都有过尝试。

2015 年 4 月，黄铮创办的"拼好货"正式上线，这是一款主打水果生鲜产品的 APP。拼好货采用拼单模式，用户找到想要拼单购买的商品，通过微信等社交平台发起拼单活动，邀请好友参团，只要达到规定人数就能拼单成功。

作为一家第三方社交电商平台，拼好货主要采用 C2B 拼团模式开展运营。平台用户可以与其他人共同拼团，买到质优价廉的商品。在发展过程中，拼好货独辟蹊径，运用社交电商思维开展运营，并探索出了自己的道路。创办不到一年，拼好货的单日成交额就达到了千万级别，积累了 2000 多万付费用户。

拼好货与同期其他社交电商 APP 的不同之处在于，拼好货自己构建了供应链，全权掌控货源、仓储、物流等各个环节。通过这种方式，拼好货能全面掌控产品质量，但也不得不面临诸多问题。

低廉的价格、新颖的购物模式导致拼好货的销售额瞬间猛增，但这也引发了诸多问题，比如爆仓不能顺利发货、水果腐烂、不能退货退款等。面对这些问题，拼好货紧急调配仓配运营团队，将体系稳定了下来。如此运营了几个月，拼好货的用户突破了千万，日订单逾百万。2015 年 12 月 23 日，拼好货完成 B 轮融资，估值近 4.8 亿美元。

2015 年 9 月，拼多多诞生，与拼好货一样采用了拼单模式。但拼多多与拼好货的不同之处在于，拼多多经营的是全品类商品，没有聚焦某个细分领域。在运营模式方面，拼好货采用的是自营模式，自建供应链；拼多多采用的是平台模式，吸引供应商入驻，与第三方物流企业合作。

相较于拼好货来说，拼多多的发展速度更快。成立一年，拼多多的成交总额达到了 10 亿元。2016 年 7 月，拼多多完成 B 轮融资，融资金额 1. 1 亿美元。2016 年 9 月，拼多多与拼好货合并，拼好货成为拼多多下属的子频道，同时其后端仓配业务被拆分出来，成立独立公司独立融资。

精准圈层：坚持“农村包围城市”

拼多多的成功还有一个重要原因，就是目前我国消费群体多种多样，有追求产品质量的高端消费群体，也有看重价格的低端消费群体，且这部分消费需求存量市场非常大。所以拼多多的“团购 + 低价”策略不是消费降级，而是通过社交媒体抓住了被各大电商平台抛弃的低端市场。

近两年，很多淘宝电商看到拼多多处在流量增长期，有广阔的生存发展空间，于是退出淘宝平台，转向拼多多。这些淘宝电商进入拼多多平台之后采用两种方式开展运营：

第一，利用自己掌握的货源优势降低商品价格，通过微盈利或者微亏损提升产品销量，打造“爆款”。但在这种运营方式下，商品质量难以保证，假冒伪劣商品、残次品频出。

第二，对接多货源。在拼多多平台，一名商家可以开多家店铺，除生鲜、化妆品等个别品类外，每家店铺只需缴纳 1000 ~ 2000 元的保证金。所以，在拼多多平台，一名商家可以经营多种品类的商品，用低价格的产品引流，将用户吸引到购买页面中来，然后再向其推荐店铺的其他商品。商品极具性价比，用户在拼多多买 5 次的花费比在京东等电商平台买 1 次的花费都要少，这与从低频消费转向高频消费的消费趋势相符。

虽然淘宝平台也是依靠中小商户崛起，通过低价商品吸引用户、聚集流量的，但后来，随着平台逐渐成熟，淘宝平台推出了一些竞价机制，比如直通车、搜索排名等，在此情况下，仅凭爆款策略，中小商户已很难获利。

简单来说，过去，淘宝商家通过低价提升销量、带动销售获利；现如今，淘宝商家要想获取流量、提升销量必须花钱购买直通车、搜索排名等增值服务，中小商家根本无力支付如此高额的费用，逐渐失去了竞争力。这些中小商户经营的商品确实和品牌商存在较大差距，但在低端市场，消费者看重的是商品价格，喜欢购买低价商品，有需求自然有供给。

中小商家离开淘宝平台转向拼多多应该是淘宝平台的运营战略使然，因为商品质量决定用户体验，淘宝平台用户越来越追求高品质的购物体验，这部分中小商家自然就失去了竞争力，所以，他们离开淘宝平台完全是优胜劣汰的结果。

从某种程度来说，拼多多实现了淘宝等电商平台最初的构想：去除中间商，向消费者提供低价商品。低价就表示要砍掉中间所有环节，而拼多多数十万的产品销量意味着只有大型厂商才能承接订单，这就产生了一个新问题：拼多多未来要如何发展？

有人认为，未来，拼多多会重新采用自营模式，开发、经营自己的品牌，全面掌控供应链。因为拼多多的经营模式是围绕商品进行的，在拼多多平台，用户很难感受到店铺的存在。天风证券《“低端”商业革命催生电商业态上的“精品生活电商”平台》报告指出，已有供货商专门为拼多多开设了生产线，比如纸巾、卫生纸等日常消费品，生产厂商直接从拼多多平台获取订单，生产完毕直接将产品送交用户，去除所有中间环节，将商品价格降到了最低。

2018 年春节期间，拼多多尝试推出自己的年货礼盒，粮油干货等商品全部来自合作厂商，品牌为“拼多多”。

模式创新：让社交购物“有温度”

拼多多上线 4 个月，日成交额突破 1000 万元；上线 1 年，用户量突破 1 个亿，同年“双 11”期间的日成交额突破 1 亿元；上线不到 3 年，用户规模从 1 亿增至 3 亿。2018 年，拼多多完成新一轮融资，融资金额 30 亿美元，平台最新估值 150 亿美元。自成立以来，拼多多完成了太多“不可能完成的任务”，而这全部源于拼多多成功地演绎了一种“有温度”的购物模式——社交电商模式。

◎ 迈出一小步，开启社交电商新模式

拼多多模式非常简单：商家开团，用户找到自己想购买的商品发起拼团，通过微信等社交平台将拼团信息发布出去，邀请亲朋好友参团，只要参团人数达到商家提前设定的人数，拼团就能成功，用户就能以拼团价格买到想要的商品。

这个简单的模式吸引了 3 亿用户，之所以能取得如此成就，主要是因为拼多多以社交电商为定位，将人与人之间的互动和商品交易结合在一起，同时满足了用户的互动需求、购物需求，将购物行为融入碎片化的社交场景。

前端玩法创新之后，后端需求也随之发生了改变。借助“拼团

购”模式，拼多多在极短的时间内将同类需求汇聚到一起，创造了一种新的电商模式——C2B 模式。在该模式下，消费者既是流量入口，也是流量分发渠道。数据证明，拼多多的这一模式取得了极大的成功，但拼多多想做的不止于此。

◎ 行业新探索，让购物变得更“有温度”

按照传统的分类方式，电商可分为综合类电商和垂直类电商，但拼多多的创始人黄铮却创造了一种新分法，将电商分成了搜索型电商和社交型电商。搜索型电商的代表是阿里巴巴，黄铮将其比喻为“电商领域的 Google”；社交型电商的代表是拼多多，黄铮以“电商领域的 Facebook”自喻。

搜索型电商注重效率，用户购物目标明确，希望能在最短的时间内找到所需商品，下单付款，完成购买。而很多时候消费者没有明确的购物目标，购物是其社交、娱乐、生活的一部分，这种购物行为是“有温度的购物”。拼多多就是通过“社交 + 电商”模式将这种“有温度的购物”场景转移到线上，让用户享受购物的乐趣，让购物活动变得“更有温度”。当然，社交电商模式不仅限于此。未来，社交电商的互动方式会越来越多元化。

◎ 拿下新一轮融资，首要提升用户体验

2018 年 4 月 11 日，拼多多完成新一轮融资，融资额 30 亿美元，腾讯领投、红杉参投，自此，拼多多的估值达到了 150 亿美元。完成融资后，拼多多将进一步提升用户体验，首要任务就是完善仓储物流。目前，在国内水果生鲜领域，拼多多可以说是订单量最大的电商之一。订单量庞大，自然就引发了诸多问题，比如生鲜水果腐烂等，招致很多投诉。

在拼多多用户投诉中，水果生鲜投诉量占比最大。水果生鲜在运输过程中容易腐烂变质，这是一个完全不可控事件，为满足这类产品的保鲜要求，早在拼好货时期就开始创建自己的仓储物流。在拼好货与拼多多合并之后，两个平台共享拼好货的仓储物流体系，对整个行业的技术设施进行完善，以进一步提升用户体验。

从短期看，拼多多专门为水果拼团开辟了一个专区，保证在用户下单24小时内发货，用户申请退货24小时内退款。同时，拼多多还为商户赋能，让商家能享受到更多的平台功能与服务，让商户与消费者建立直接联系。为此，拼多多构建了一个全新的商户后台和更完整的商户信用体系。

目前，拼多多在品牌宣传推广方面的投入与平台发展速度失衡，为改变这种局面，拼多多开始在人流量大的公共场所投放广告，比如地铁站、公交站等，开始赞助热门综艺节目，以提升自己的知名度与影响力。在竞争激烈的电商市场，拼多多借社交电商模式成功突围，迅速发展，占据了一席之地，这一切都离不开“有温度”的购物。

1.2 消费升级：

独辟蹊径的电商模式创新

用户定位：国内新型电商三大模式

消费升级无疑是近两年社会各界关注的焦点，消费需求变化会对商业的方方面面产生深远影响，研究其逻辑与内涵对广大创业者及企业具有十分重要的现实意义。

20 世纪 80 年代，美国一扫 70 年代经济低迷的阴霾，基本完成工业化，建立起了相对完善的社会保障制度。作为战后婴儿潮一代的 50 后及 60 后渐成消费主体，当时美国经济快速发展，人均 GDP 达到 8000 美元以上，消费主义浪潮席卷了整个美国，促使美国迎来消费升级期。

虽然当时美国劳动力成本不断提升，但通过产业转移、外包等方式，美国获得了发展中国家人口红利带来的廉价劳动力优势，在一定程度上帮助很多美国企业解决了人力成本问题。

消费升级并不代表着商品价格也要随之提高，当时的美国存在着 Gap、Costco、Swatch、沃尔玛、奥特莱斯等一系列强调高品质、高性价比的企业，它们通过提高经营管理水平、改造供应链等方式，为消费者提供了丰富多元的优质低价商品。

从美国的几次消费升级过程来看，消费升级和价格提高之间并无直接关联，甚至消费升级过程中，很多商品价格不但没有增长，反而降低。本质上，消费升级的核心在于迎合人们的全新生活方式，通过优质产品与服务为人们创造更多的价值。

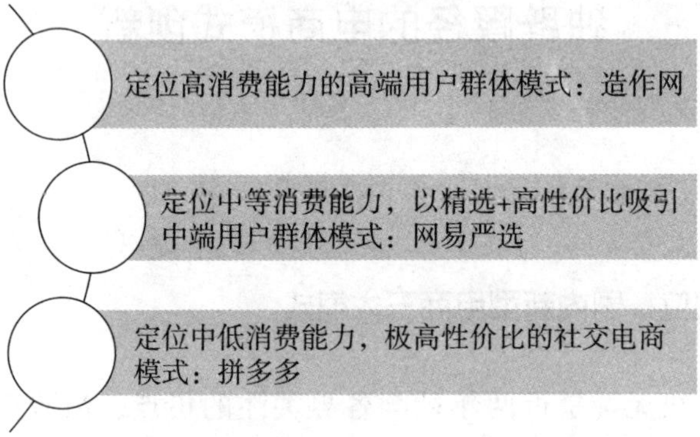

图 1－3　中国消费升级过程中的三种主要模式

◎ 定位高消费能力的高端用户群体模式：造作网

造作网强调为消费者提供顶尖品质的正版设计品，商品价格相对较高。追求生活品质与质量，具有较强购买力的消费者是其核心目标用户。高价格及高品质帮助造作网降低了用户筛选成本，其产品以家居生活用品为主，由全球顶级设计师设计，具有较高的视觉竞争力与溢价能力，让高端消费者可以享受到更高品质的生活。

◎ 定位中等消费能力，以精选＋高性价比吸引中端用户群体模式：网易严选

网易严选的目标用户是 80 后、90 后新一代消费主体，他们愿意为提高生活品质的产品及服务而埋单。此前，这一群体虽然想要获得更高的生活质量，但传统品牌商的高质量产品价格也相对较高，财力相对有限的他们通常要在质量方面做出一定的让步，投入更多的时间成本，在品质和价格之间找到某种平衡。

而网易严选的出现，为解决 80 后、90 后新一代消费主体的品质生活需求提供了有效途径，网易严选精选供应商，保障产品质量的同时，利用产品庞大销量带来的边际成本降低来让利消费者，让用户能够以较低的价格买到各种优质商品。

◎ 定位中低消费能力，极高性价比的社交电商模式：拼多多

采用社交电商模式的拼多多，和传统电商实现了差异化竞争。在传统电商平台中，消费者往往是在明确购买目标下浏览相应品类的商品，而拼多多则是利用社交关系进行商品推荐，使用户就像逛商场一般进行非目的性购物消费。

社交电商模式在拼多多发展过程中扮演了十分关键的角色，以较低的成本为其带来了庞大流量。在社会结构方面，中国和美国的橄榄球社会结构存在一定差异，企业不能简单地照搬美国企业在消费升级时的做法，而拼多多的崛起与其抓住消费升级趋势存在密切关联，值得广大创业者及企业深入学习并借鉴。

运营策略：拥抱大众消费发展趋势

对于拼多多这个购物平台，很多消费者都有非常复杂的情感。一方面，消费者厌烦其经常出现在自己的朋友圈；另一方面，消费者又为其高达 3 亿的用户量感到惊讶。国内电商的崛起离不开三个要素的支持：一是低价，二是快捷，三是品质。淘宝平台就是凭借免除中介费、江浙沪地区包邮、为交易双方提供交易担保成功崛起，成为国内规模最大的线上集市。

现如今，这个商业逻辑仍然适用。拼多多创建了一个新场景，将物美价廉的商品与大众消费趋势结合在了一起。根据2017年发布的《国民经济和社会发展统计公报》，我国14亿人口的人均可支配收入的中位数为22408元，每月1867元，三口之家月收入5628元。这个消费群体规模庞大，如何找到并获取这部分消费群体是所有零售企业的愿景。当年，淘宝聚划算平台没能做到这一点。现如今，拼多多却通过三大举措成功实现。

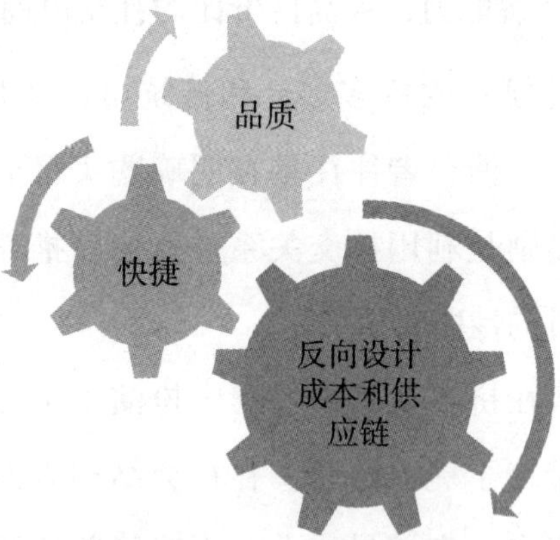

图1-4　拼多多的运营策略

◎ 反向设计成本和供应链

关于“便宜”背后的商业模式与消费心理，不同的品牌有不同的答案，Costco认为是简化SKU（Stock Keeping Unit，库存量单位）的量贩式销售，小米认为是性价比，西南航空认为是航班密度，拼多多认为是“够用就好”。

简单来说，拼多多的“够用就好”理论就是打造刚需快消品领域的爆款。以纸巾为例，很多人都认为市面上流通的纸巾规格太大，用起来非常浪费。针对这一点，拼多多与纸巾生产厂商合作，将纸巾规格缩小到180mm×122mm，单价降至1.067元，以此获得了932

万单的销量。

另一方面，拼多多还优化了生产链。拼购给生产、仓储两大环节带来了巨大的压力。以某款售价 29.9 元的鞋子为例，使用传统作业手段，生产这样一款鞋子需要粘胶、冷粘、烘烤、冷却、再包装五大工序，需要 2 天时间，成本为 30 元。为了满足拼多多售价 29.9 元的需求，生产厂家改用注塑工艺缩短生产时间、降低生产成本，并获取了 6% ~8% 的利润。

这种运营策略成功的关键在于引导消费者聚焦爆款，缩短供应链，去除商品的非必要属性，给予消费者一定的心理暗示，让消费者做出“聪明”的购物决策。

◎ **快捷**

一般来说，如果消费者对产品价格比较敏感，那么他们对物流也会同样敏感。拼多多“单款爆品”“48 小时物流”策略让产品厂商不得不做出调整，以适应这个节奏，比如在原材料产地建设工厂；根据消费热力图建设物流车间，对深仓模式进行探索，提前生产、就近发货、控制物流成本。从另一个层面来说，拼多多的爆款策略就是在非必要、不正常运营成本的剥离下推行的。

◎ **品质**

美国将淘宝网列为“恶名市场”，说明忽略产品质量，一味地降低产品价格不是一个好策略。拼多多通过驻场审核、第三方巡检将产品质量控制与平台扶持结合在一起，通过“劣一赔三”的赔付机制获取消费者信任，实现快速崛起。

社交+C2B：拼多多突围的两把利剑

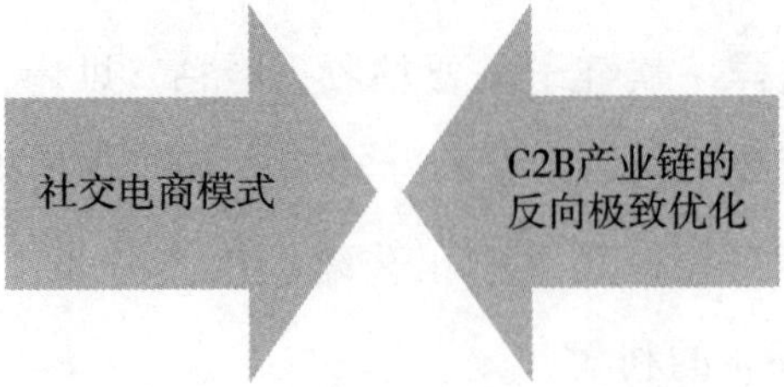

图1－5　拼多多突围的两把利剑

◎ 社交电商模式

拼多多通过社交电商模式充分发挥了微信这一熟人社交媒体的强大势能，在电商流量成本持续攀升的背景下，实现了低成本引流。国内第一大社交巨头非腾讯莫属，第一大电商巨头则是阿里，二者虽然尝试相互渗透，但至今仍未取得实质突破，目前，它们主要是通过投资或战略合作的形式补足短板。而拼多多却成功地将二者深入融合，这很大程度上是得益于拼多多创始人在游戏及电商运营方面积累的丰富经验。

社交电商模式的优势主要体现在通过社交关系为产品提供背书，解决了线上交易的信任缺失问题，与此同时，经过好友推荐后买到高性价比商品的用户，会由衷地感谢推荐者，加深双方之间的社交关系。

此外，智能手机及移动互联网的迅速推广，使网民数量迅速增长，而微信作为一款现象级社交产品，几乎是网民手机上的必备APP，甚至相当数量的用户用微信语音及视频聊天取代传统的电话联系，这就为拼多多发展社交电商模式奠定了坚实基础，让拼多多可以用相对较低的成本快速沉淀一批忠实用户。

◎ C2B 产业链的反向极致优化

C2B 是电商企业追求的重要目标，它以消费需求为导向，商家进行定制研发、生产、定价、营销、销售、配送及售后，可以解决让国内企业饱受困扰的库存积压问题，自成立至今，拼多多一直积极推进 C2B 模式在平台中的落地。

拼多多利用社交电商模式在发展初期快速积累了超过 1 亿用户，之所以越来越多的用户主动进行口碑推荐，是因为拼多多将性价比做到了极致，而极致的性价比又是建立在拼多多对商品生产链条的成本效率进行严格把控的基础之上。

例如，很多拼多多合作商家为了保障对拼多多用户的稳定供货，建立了专属生产线，商品生产出来后直接借助拼多多的物流体系快速送到消费者手中，去除了大量中间环节，让消费者以更低的价格购买高品质商品。而消费者发现高性价比商品后，会邀请亲朋好友参与拼团，共同分享美好事物，在消费者的口碑传播下，产品销量大幅提升，生产及物流成本得到进一步控制，实现多方合作共赢。

C2B 模式不仅被应用在消费品方面，拼多多还将其在农业产品中推广。传统电商主要是将农村定位为新消费市场，想要借助智能手机及移动互联网在农村的推广普及引入新的流量，而拼多多不但注意到了农村的消费需求，还从扶农助农的角度上，帮助农户将优质农产品销往全国各地，提高农户收入水平。

作为全球零售巨头，沃尔玛的低价是建立在对供应商严重压榨的基础之上，充分利用规模效应，在和供应商的谈判中取得较高的议价权，同时，全球采购使沃尔玛在商品品类方面具有领先优势。而拼多多则是通过社交关系提高订单量，并应用 C2B 模式帮助供应商降低成本，为消费者提供具有超高性价比的优质商品，实现多方合作共赢。

和美国消费升级相比，中国的消费升级对技术赋能及商业模式创新有更高的依赖性，这也在成本、效率及用户体验等方面给中国企业带来了诸多优势。

凭借社交电商及C2B模式实现快速崛起的拼多多爆发出了惊人能量，但很多人认为它的增长只不过是用低价吸引了那些对价格较为敏感的消费者，客单价及用户黏性较低，但事实并非如此。拼多多以不到3年时间取得了3亿用户、月GMV达400亿元的骄人成绩，有力地回击了这些质疑。

当然，在消费升级的主流趋势下，未来拼多多也可以在品牌升级方面加快布局，比如，在亿级用户中筛选出上百万甚至上千万的高价值用户，和头部品牌商合作进行定制供应，这很容易产生强大的示范作用，能够吸引更多的头部品牌及中高端消费者涌入，为拼多多的品牌升级，以及满足广大民众日益增长的美好生活需要提供强大推力。

模式创新：拼多多平台的成功要素

阿里和京东作为实力型电商企业，长期以来一直霸占着国内的电商市场。近两年，拼多多作为电商领域中的黑马，呈现出迅猛发展趋势并得到了人们的广泛关注。数据统计显示，到2018年初，拼多多的总成交额超过400亿，成功跻身于阿里与京东垄断的国内电商市场。其发展速度究竟有多快呢？以京东为参照来分析，京东的总成交额超过100亿用了六年时间，而拼多多仅用一半的时间就突破400亿，足以证明其强大的实力。

兴业证券的数据统计结果显示，2017年，拼多多的网络购物渗透率迅速提高，一年之内增加了 18%，最终超过唯品会、天猫、苏宁易购等电商平台，仅次于手机淘宝、京东。阿里已经明显意识到了拼多多的发展潜力，开始正视来自拼多多的竞争与挑战。

拼多多通过何种方式实现了快速发展？可以将其原因归结为四点：爆款、低价、免佣金、社群，这四点共同促成了拼多多的蓬勃发展。

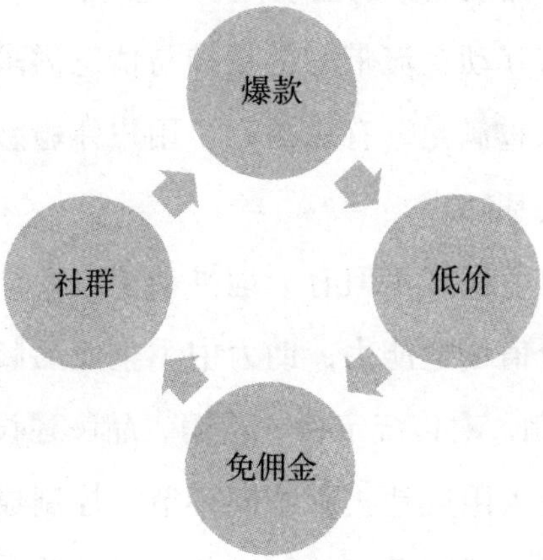

图 1－6　拼多多快速发展的四个成功要素

（1）爆款：该平台上的商家聚集了大量符合市场高需求的商品，并将某些品类打造成爆款，实现了产品的大规模销售。

（2）低价：通过采取多种措施降低产品成本，或者将尾货、库存商品及赠品以低价出售，为平台打下了足够的基础，实践了产品低价策略。

（3）免佣金：多数电商平台会向商家收取运营费，这项费用约为商品价格的三成，入驻拼多多平台的商家则无须向平台交付运营费，无疑提高了平台对商家的吸引力。拼多多之所以能够快速扩大用户规模，是因为该平台的商品价格比其他同类平台更具优势，且为消费者提供包邮服务。

（4）社群：拼多多商家通过运营微信群，迅速带动了大批用户的加入，实现了自身产品及品牌信息的广泛触达。在不断引流的同时，拼多多注重打造低价爆款商品，迅速积累了大批用户。

拼多多创始团队最早从事游戏开发及运营工作，在该过程中积累的丰富经验，使他们能够在经营管理拼多多过程中为用户带来更多的乐趣，增强产品及服务的互动性、体验感。从单纯地购买商品，到享受乐趣、参与互动交流带来的精神与情感需求满足，用户获得了物质和精神的双重满足，有效提高了用户体验感，为拼多多的快速崛起奠定了坚实基础。

拼多多的新电商模式不但有力地推动了电商产业变革，优化库存、提高产业链价值创造能力、助力中小企业品牌建设，而且通过应用 C2M 反向定制，对传统定价、营销、品牌建设、供应链管理等进行改造升级，最大限度地去除中间环节，控制成本，确保商品质量。此外，它还引领了需求端的新潮流，通过分享拼团机制，让用户在社交圈内共享实惠好货，提高用户社交货币价值，带给用户前所未有的极致体验。

1.3 产品之道：3亿用户背后的增长逻辑

产品逻辑：拼多多模式的基本分析

2017年以来，企业界关于线上流量增长迎来瓶颈期的声音越来越多，拼多多又是如何在3年时间内实现迅猛增长的呢？

◎ 产品分析

（1）特色功能

★ 拼团：对于开团者来说，通过发起拼团活动，将拼团信息分享给亲朋好友，不仅可以满足自己在购物过程中的社交需求，还能对商品进行有效筛选，以最优惠的价格买到商品。对于分享者来说，如果参与拼团确实能以更低的价格买到产品，则不仅能享受优惠，还能帮助朋友。

★ 海淘：在拼多多的业务体系中，海淘是一项主打业务，位于拼多多APP菜单的最中间，口号是“正品保障，包税包邮，极速发货”。拼多多之所以将海淘视为主打业务，主要原因在于网易考拉等海淘品牌的入驻，不仅能让消费者享受到更优惠的价格，还能让消

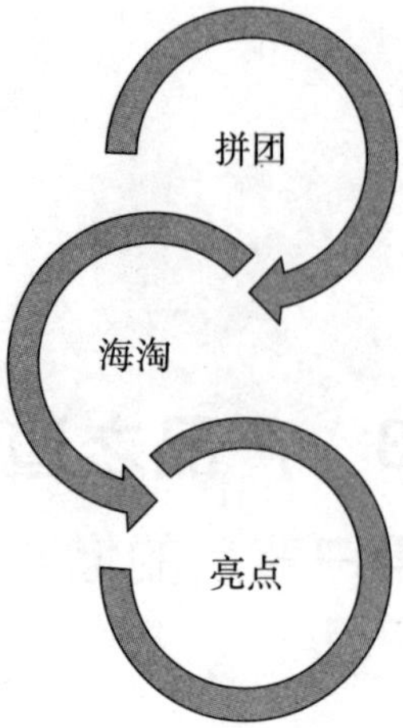

图1－7　拼多多的特色功能

费者买到高品质的进口商品。

★ 亮点：只要有人开团，开团信息就会在APP的左上角显示出来，比如“×××1秒前开团了”。拼多多通过这种方式营造了一种非常积极的团购气氛，刺激用户参与拼团、下单购买。

（2）产品逻辑

拼多多的购物逻辑是以拼团模式为中心设计的。在拼多多平台，用户有两种购买方式：一是一键开团，二是单独购买。虽然单独购买也能享受优惠，但优惠力度肯定不如拼团购买享受的优惠力度大，通过价格对比，用户会选择拼团购买。用户选择一键开团，将拼团信息通过朋友圈、微信群发布出去，吸引亲朋好友参与拼团，也可以将开团信息在APP左上角显示出来吸引有同样购物需求的陌生人拼团。只要拼团人数达到平台设定的标准线，拼团就能成功，各买家就可以用更优惠的价格购买商品。如果拼团人数不足，拼团失败，付款金额会原路返还给用户。

◎ 用户画像分析

从性别方面看，在拼多多用户中，女性用户占比最大，达到了 72.3%；男性用户占比较小，只有 27.7%。这种现象产生的原因在于女性用户更喜欢网购，更细致、更有耐心，会通过对比、挑选购买高性价比的商品，还会将自己买到的商品通过社交平台分享出去。拼多多基本上满足了女性用户上述所有需求，所以备受女性用户喜爱，积累了一大批女性用户。

从年龄方面来看，在拼多多用户中，25 ~ 30 岁的用户占比 30.08%，31 ~ 35 岁的用户占比 27.65%。由此可得出两个结论：一方面，现阶段，80 后、90 后是主流消费群体，拥有较强的消费能力，比较偏爱网购；另一方面，这部分用户的交际范围较广，购物行为与理念非常容易受到他人的影响，更容易接受拼多多的团购模式。

从区域方面看，中东部地区的拼多多用户最多，东北、西北、西南地区的拼多多用户较少。导致这种现象出现的原因有两点：第一，拼多多总部在上海，经常在中东部地区做推广，所以拼多多在这些地区的知名度、影响力都比较高，用户比较多；第二，这些地区的用户比较容易接受新鲜事物，购买能力较强。

通过分析上面的用户特征可绘制出三个用户模型：

第一，未婚的青年女性，收入水平中等，比较追求生活品质；

第二，已婚的中年女性，收入中等偏下，有较多空闲时间，喜欢网购；

第三，没有收入的女学生，消费能力不高，喜欢网购。

增长逻辑：拼多多用户增长模型

◎ 增长黑客理论

我们不妨从增长黑客的视角来分析拼多多的增长逻辑。

增长黑客（Growth Hacker），2013 年起源于美国硅谷，是一个互联网界的新兴概念。现在它代表一种“以最快方法、最低成本、最高效手段实现用户大量增长，最终增加收入”的运营方式。增长黑客理论涉及了 AARRR 用户增长模型：“获取（Acquisition）”“激活（Activation）”“留存（Retention）”“传播（Referral）”“收入（Revenue）”。

◎ 拼多多的增长模型

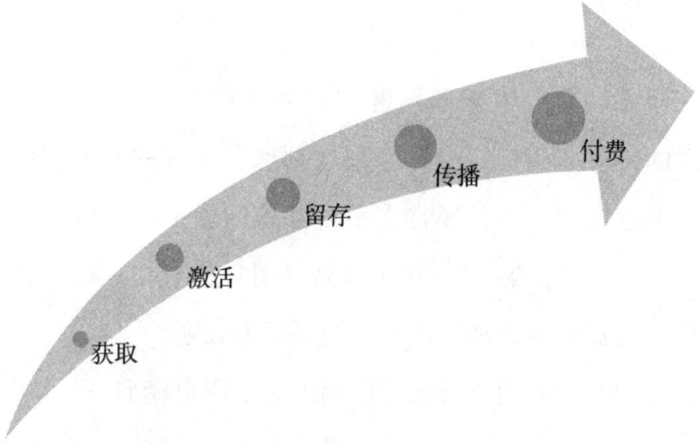

图 1-8　拼多多的增长模型

（1）获取。拼多多获取新用户的主要方式是利用微信社交关系进行导流，用户可以邀请好友帮助自己对商品进行砍价，好友下载安装 APP 可以提高砍价力度。砍价结束后，拼多多 APP 后台系统会推送文案提示用户下载并安装 APP。

通过砍价玩法，拼多多可以有效吸引那些对价格较为敏感的三四线、五六线城市中的用户。首次进入砍价页面的用户，拼多多会向用户推送提示信息“下载 APP 可以再降 10 元”，如果用户没有被打动，拼多多会通过 H5 页面向用户推送更大力度的优惠信息，比如，“下载 APP 可以再降 30 元”。此外，拼多多还通过冠名《中国新歌声》《极限挑战》等综艺节目以及和手机厂商进行合作（将拼多多 APP 作为预装软件）等方式引流。

（2）激活。在 AARRR 用户增长模型中，激活强调对那些下载并安装 APP 的用户，要尽可能地引导用户注册并登录，这更加有利于平台搜集用户数据，并延长用户在线时间。

但拼多多没有采用这种方式，当用户下载并安装拼多多 APP 后，首次体验 APP 时，拼多多不会刻意引导用户注册并登录。当用户处于购物场景时，拼多多才会引导用户注册并登录，这种做法可以减少用户登录过程造成的用户流失，因为用户刚下载并安装 APP 后，对 APP 还缺乏足够了解，内心深处存在一定的防范心理，此时，要求用户注册并登录，会导致部分用户流失。但在购物场景中，用户对 APP 已经有了一定程度的了解，而且为了购买自己想要的商品，也愿意注册并登录。

（3）留存。在提高用户留存方面，拼多多通过微信社交关系获取的用户本身就有较高的黏性，在用户留存方面具有先天优势。此外，拼多多还采用了以下策略提高用户留存：

★ 服务号推送消息。当拼多多用户管理系统发现用户很少打开拼多多 APP 或使用拼多多小程序时，会利用服务号向其推送信息，引导用户使用拼多多 APP 或小程序。在服务号推送信息中，经常可以看到“试用会员”“免费领礼品”等极具诱惑性的词汇，可以有效激发用户使用拼多多的频率。

★ 开屏礼包、优惠。在服务号引导下，用户进入 APP 或小程序后，拼多多会通过开屏推送信息的方式为用户提供各类礼包、代金券等，让用户更为积极地体验拼多多的产品及服务，延长其在线时间。

（4）传播。体验过拼多多 APP 或小程序的用户，很容易发现其具有强烈的传播属性，为了提高用户传播欲望，拼多多会设计各类线上活动，以砍价、拼团、优惠等方式刺激对价格较为敏感的用户进行传播，从而显著提高用户传播积极性。

（5）收入（付费）。事实上，在拼多多 APP 中，刺激用户购买及付费主要是通过拼团来实现的，而引导用户参与拼团主要是通过产品设计来实现的，其策略具体包括以下三种：

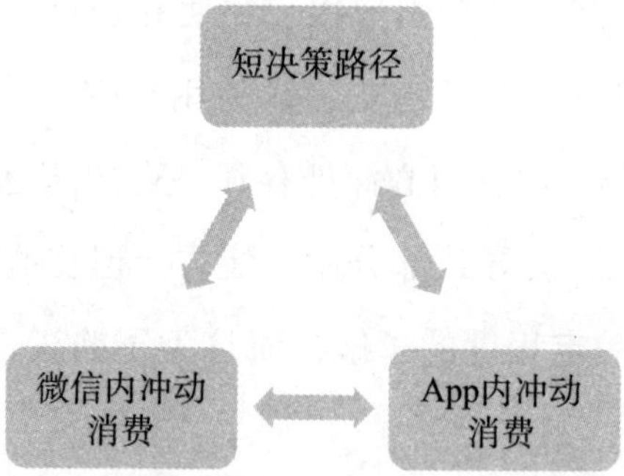

图 1-9　拼多多的产品设计策略

★ 短决策路径。拼多多没有为用户提供购物车功能，这种情况下，用户产生消费欲望时，可以刺激其立即进行购买，不会出现放入购物车一段时间后忘记或放弃购买的问题，缩短购买路径，提高转化率。

★ APP 内冲动消费。拼多多在 APP 中设计了包括首页轮播通知在内的多种吸引用户购买的“引诱剂”。

★ 微信内冲动消费。拼多多充分利用微信熟人社交关系这一特性，刺激用户在微信群及朋友圈分享拼团链接，以熟人关系为背书，有效提高转化率。

活动设计：实现精准用户引流转化

◎ 零元购

在用户定位方面，拼多多的零元购活动将三四线城市用户作为核心目标用户。拼多多之所以采用这样的用户定位策略，主要是考虑了以下两个因素：

（1）三四线城市用户对阿里、京东等电商巨头忠实度较低，购买力有限、最后一公里配送、网络渗透率不高等多重因素作用下，他们在淘宝、天猫及京东等电商平台的购物频率较低，为拼多多快速抢占其心智奠定了坚实基础。

（2）三四线城市社交圈保持相对稳定状态，在熟人社交关系的影响下，拼多多可以借助口碑传播实现快速推广。

在决策成本方面，和拼团模式相比，零元购不需要用户花费资金，决策成本极低，而较低的决策成本有助于刺激用户产生更多的冲动消费。

在渠道方面，拼多多以微信群或朋友圈分享的方式，可以找到那些消费特性较为一致的群体，从而以较低的成本取得更高的转化。微信作为一种基于熟人社交关系的平台，其社群用户在购物方式、消费习惯等方面存在一定的共性，利用用户的口碑传播，可以引导社群内更多的用户购买。

◎ **拼团**

拼多多的拼团流程为：在商品浏览页面中点击“一键开团”—选择颜色及规格—进入支付页面支付—完成购买—点击购买完成页面的“邀请好友参团”—在弹出的聊天列表中选择想要邀请的好友并发送。当参团人数达到要求时，交易成功，商家将会在48小时内发货并由快递公司送货上门，如果参团人数达不到要求，交易失败，系统将会在规定时间内将钱款退回到用户账户。

零元购在帮助拼多多引流拉新方面的效果更为显著，而想要让这些用户付费购买，使其为平台创造更多的价值，就需要运用拼团活动。本质上，无论是零元购，还是拼团，都是鼓励用户充分利用自身的社交货币来进一步降低产品价格。此处的社交货币，是指人在社交圈中的影响力，影响力越强，社交货币价值越高。

用户在微信社群中分享拼团链接时，当链接的相关产品能够被社群成员认可时，就意味着该用户为社群成员创造了一定的价值，其社交货币价值会有所提升，当然，如果链接的相关产品不符合社群成员需求，可能会让社群成员质疑其品位，从而导致其社交货币价值降低。

而拼多多的商品具有较高性价比，能够打动那些对价格较为敏感的三四线城市用户，将相关链接分享到这类用户聚集的社群中时，往往能够产生良好的转化效果。

在拼多多APP首页中，我们可以发现其大部分功能模块都与分享存在一定的关联。其分享目标主要是为了引导新用户下载APP、关注其微信公众号、提高用户活跃度。结合拼多多的实际发展阶段及诸多APP的实践案例，可以发现，引入更多的新用户是拼多多当前的主要目标。

增长方向：拼多多未来的发展策略

在了解了拼多多以拉新为主的增长目标后，我们可以研究拼多多未来的增长方向。

◎ **宏观维度（战略层）**

在战略层面上，拼多多拉新可以从横向及纵向两个角度进行，其中，横向是指由三四线城市向一二线城市拓展；纵向则是在三四线城市继续投入大量资源，进一步扩大用户规模。

（1）横向打法。横向打法要求拼多多在一二线城市中积累用户，但由于一二线城市用户和三四线城市用户消费习惯、需求心理等存在明显差异，低价、优惠玩法效果相对有限，更多地需要做好产品质量、品牌建设及用户体验。

（2）纵向打法。想要进一步提高拼多多在三四线城市中的用户规模，我们必须要理清通过用户分享来增加新用户面临的主要瓶颈。确实，通过引导用户向较为熟悉的亲朋好友分享链接，可以引进一定数量的新用户，但这种模式带来的新用户创造的价值是相对有限的，还需要引导他们引进更多的普通好友。但普通好友之间的信任关系不够强烈，向其分享购买链接，可能会被当作广告骚扰，从而降低用户的社交货币价值，所以，用户向普通好友分享的积极性相对较低。

拼多多需要采取有效措施提高用户向普通好友分享的积极性，并确保分享后的转化率，实现良性循环。在实践中，可以采用以下三种策略：

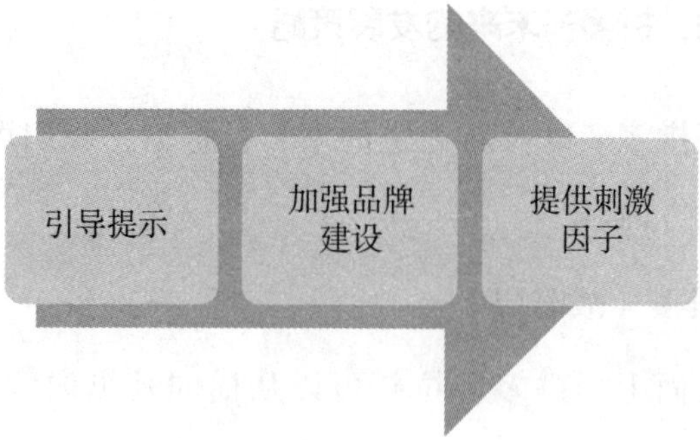

图 1－10　拼多多提升用户转化率的三个策略

★ 引导提示。在用户分享商品链接场景中，通过信息推送鼓励用户向普通好友分享链接，而不是一味地向较为熟悉的亲朋好友分享。

★ 加强品牌建设。扩大拼多多商品品类，为用户提供具有更高质量的优质商品，同时，提高品牌曝光量，使大众对拼多多留下良好印象，当拼多多品牌具有较高的影响力时，用户自然更愿意对其进行分享，被分享的受众也有更高的概率购买。

★ 提供刺激因子。常见的刺激因子包括代金券、优惠券、小礼品、荣誉称号等。

◎ **微观维度（执行层）**

在执行层面上，拼多多产品设计还可以进行进一步优化。我们可以结合拼多多的“帮帮免费团”流程进行具体分析：

（1）用户价值。老用户可以免费获得商品，但需要其使用社交货币。

（2）产品价值。一位拼多多老用户可以带来的新付费用户数量在 5～20 个，经过运营人员的有效引导可以将部分用户转化为忠实用户。

（3）用户场景。在“帮帮免费团”对人数要求相对较少（5 人以内）的情况下，用户很容易通过邀请其亲朋好友参与完成。但当对人数要求相对较多（20 人以上）时，完成难度相对较高，此时可以设计一个“分享到朋友圈”的功能来让用户更好地完成任务，从而为用户创造价值，促使用户积极参与活动并分享链接。从产品开发角度来看，添加一个“分享到朋友圈”功能的成本相对较小，具有较高的落地空间。

（4）用户激励。拼多多需要为用户提供足够的激励，确保其积极参与“帮帮免费团”活动。从诸多实践案例来看，仅通过文案提示给用户带来的激励效果是远远不够的，考虑到拼多多的目标用户以价格敏感型用户为主，拼多多可以从帮助用户降低价格角度入手，在页面中直观地展现商品原价以及参与活动可以带来的优惠，这可以给用户带来更为强烈的刺激，提高其参与活动并分享链接的积极性。

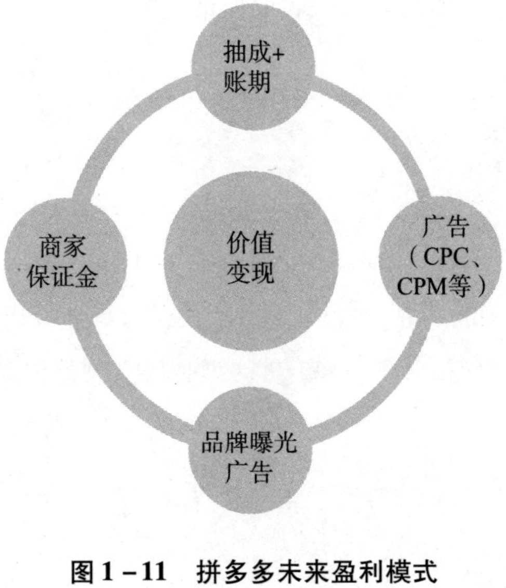

图 1－11　拼多多未来盈利模式

◎ 拼多多未来盈利模式

（1）抽成＋账期："抽成＋账期"模式是应用范围最广的一种盈利模式，天猫、美团、饿了么、滴滴等平台都使用这种模式盈利。

（2）广告（CPC、CPM 等）：互联网企业可以通过发布广告盈利，比如阿里妈妈、淘宝直通车、搜索排名、首页广告位等。互联网思维的代表性观点就是通过免费吸引商家、用户进入，待商家、用户数量达到一定程度后，通过广告业务变现。百度、淘宝、天猫、京东等都采用了这种模式。

（3）品牌曝光广告：拼多多与品牌商合作发起"一元夺宝"活动，用户想要参与抽奖必须参与拼团，通过这个活动，品牌曝光度有了大幅提升。同时，借助微信平台，拼多多还以低成本获取了大量用户。因为腾讯是拼多多的投资方，所以微信没有屏蔽拼多多的这些链接，让拼多多有了实现迅速成长的可能。

（4）商家保证金：平台可以通过让商家缴纳保证金获利，比如向入驻海淘馆、母婴馆等商家收取保证金等。

1.4 用户运营：基于强关系社交的流量法则

拼单：强关系社交下的流量转化

国家统计局相关数据显示：2017 年我国网上零售额 7.18 万亿元，阿里巴巴独占 4.6 万亿元。那么，为何在阿里巴巴一家独大的电商领域还能持续不断地产生新的独角兽呢？在回答这个问题之前，我们先来分析一下这些独角兽产生的背景。

流量是互联网时代最重要的基础设施，BAT 之所以能成为行业巨头就是因为拥有强大的流量分发能力，小米、今日头条能成为后起之秀也是因为这个原因。

一般情况下，我们认为，游戏的流量变现效率最高，广告次之，电商最次。但在市场规模方面，电商的市场规模最大，广告次之，游戏的市场规模最小。正因如此，腾讯才会在游戏、广告领域占尽优势后向电商迈进。

纵观阿里巴巴、腾讯的发展史，近年来，这两家企业都在积极投资，以期借此提升流量变现效率，但二者也有一些区别：阿里巴巴收购、投资的目的是获取流量，将用户留在平台，达成更多交易；腾讯投资的目的是流量变现。基于自身的投资逻辑，阿里巴巴与腾讯在线下零售领域发起了投资大战，阿里巴巴投资永辉超市、步步高、家乐福、海澜之家，希望换取更多流量；腾讯投资高鑫、居然之家、新华都、三江，希望获取更多线下流量，实现数据与供应链的整合。

之所以在阿里巴巴独霸的电商领域还能出现独角兽，最主要的原因在于腾讯扶持，至于哪家独角兽企业能发展壮大、成功上市，去除融资因素的影响外，还要看三个条件：

第一，谁拥有的流量多；

第二，谁的流量转化率高，留存率高；

第三，谁的货币化率高，也就是谁能盈利。

拼多多通过社交流量获取顾客，实现销售转化，这是很多电商梦寐以求之事。2015 年，社交电商刚刚起步阶段出现了两种电商模式：一是基于强关系形成的熟人电商模式，二是基于弱关系形成的网红电商模式。当时，熟人电商的代表是微商，网红电商在微博平台获得了极大的成功，所以，人们认为强关系总会伴随着弱关系。现在，我们重新审视这个问题：

从商品角度看，弱关系往往会影响到那些与个人特征有关的商品，比如化妆品、服装等。消费者在微博等社交平台看到达人展示某服装往往会基于模仿效应产生购买冲动。强关系往往会影响到生活性商品，尤其是生活必需品，比如水果生鲜、日用杂货等消费者比较看重性价比的商品。

在这方面，拼多多做到了极致。拼多多的业务始于水果拼单，通过拼团模式在微信平台实现了裂变式增长。对某个时段拼多多平台的拼单情况进行观察可以发现，生鲜、日用品两大品类发起的拼单最多。

获客：提升品质，吸引核心用户

在前端获客方面，拼多多做到了极致，但获客只是第一步。接下来，拼多多要面临留存率考核问题。拼多多的真实留存率究竟如何我们不得而知，我们讨论更多的是一种可能性。很多分析报告都表示，拼多多的用户之所以能实现快速增长，主要受益于微信 10 亿的月活用户，因为淘宝的月活用户只有 5 亿。

现阶段，拼多多处在用户红利期，微信用户数量与淘宝用户数量的差值带给拼多多一定的用户红利。但从留存的角度来看，拼多多平台就像一个大水池，一个水龙头注入（新用户涌入），一个出水口涌出（老用户涌出），至于这个水池什么时候才能注满水，则要看水注入与涌出的流量与速度。

对于拼多多平台来说，注入的水源来源于微信，出水量与出水速度则全权由自己决定，就是客户留存率。客户留存率高，水位上涨速度就快；反之，水位不仅不会上涨，还有可能下降。

回顾拼多多过去一年的月活用户数量（MAU）可以发现，注水的水龙头有免费水泵加持，注水速度非常快。意思就是，大量用户通过微信群链接涌入拼多多平台，参与拼团或购买。正是因为这个原因，拼多多日活用户数量（DAU）增长速度极快，远超淘宝、京东平台的日活用户增长速度。但从长期来看，微信的 MAU 逐渐趋于稳定，这就表示拼多多从微信平台获取的流量将逐渐触顶。下一步，拼多多就要努力提升客户留存，控制水涌出的速度与流量。

对于拼多多来说，这个成绩着实不错。如果拼多多能继续保持这个态势发展，水池水位必将持续上涨。当然也有可能出现其他情况：如果拼多多留下的都是追求低价的用户，主流电商用户流失，从长期来看，拼多多就很难与淘宝、京东等电商巨头一较高下。

目前，国内电商行业多年培育的结果已经显现，核心用户群体规模非常庞大，且都已养成网购习惯，对价格的敏感度越来越低，越来越追求产品品质，这不仅增加了平台的成交额，还提升了平台的利润率。这部分用户的年龄大多在 18 岁 ~40 岁，是各大电商平台争抢的对象。目前，拼多多虽然通过拼团、1 元抽奖等活动吸引到了很多用户，但这些用户很难成长为核心用户，而拼多多带给用户的购物体验也注定其很难吸引到主流用户群体。

我们通过 APP 评论对用户体验问题进行分析。之所以看 APP 评论不看商品评论的主要原因在于，我们想让 APP 开发人员了解用户使用 APP 的体验与 APP 存在的问题。根据酷传平台 2018 年 3 月 15 日至 4 月 15 日 1 个月内的数据，拼多多在 iOS 平台有 2835 条下载评论，其中负面评论 679 条；在小米、OPPO、vivo 三大安卓市场有 7178 条下载评论，其中负面评论 1376 条，占比 20.5%。

拼多多的负面评论主要是用户抱怨购物体验，“假货”“垃圾”“骗子”等词汇频出；淘宝、京东 APP 的负面评论主要是用户抱怨 APP 闪退、卡顿、横屏等问题。从这方面来看，拼多多要想提升用户体验，首先要提升产品质量，消除用户对商品的负面评论，吸引更多核心用户。

进一步看，因为在平台定位方面拼多多与京东存在显著差异，所以这个问题可以直接演变成能否抢夺淘宝用户。而淘宝平台发展时间相对较长，拥有一大批高忠诚度的用户，用户非常熟悉平台搜索规则与评价规则，有新平台出现，这些用户可能前去浏览，但最终还是会将新平台上的商品与淘宝平台上的同款商品进行比较，对商品评价、价格、运费、收货时间等因素进行综合考虑，做出最合适的购买决策。

沉淀：留存用户，实现持续发展

从短期看，这些留存用户可以支撑拼多多平台与淘宝、京东对抗，实现持续发展；但从长期来看，拼多多能否在这些留存用户的支持下与淘宝、京东对抗还有待观察。从用户层面看，对于那些非淘宝用户来说，手机只是一个通信工具，只不过这个通信工具从功能机演变成了智能机，通信方式从电话、短信变成了微信。如果这些用户在微信中发现拼多多，很有可能被其低价吸引而在微信界面直接下单购买。

这些用户群体很少使用 APP，所以相较于用户自主下载淘宝 APP 实现转化来说，拼多多这种通过微信引导用户前往自己 APP 的转化率更高。所以在这类用户群体中，微信电商入口的价值被无限放大。虽然从长期看，拼多多培养的这部分用户很有可能转向淘宝、京东等电商平台，但从短期来看，活跃于各个微信群的拼多多可以留住一大批对价格比较敏感的用户。

因为我国经济发展不平衡，所以这部分用户的渗透价值比较大，这种渗透价值来源于两个方面：一是长期消费升级的可能，二是对传统线下渠道的替代。从绝对值方面看，这部分用户群体的数量仍比较大。

如果以人均可支配收入为标准进行分组，低收入组人均可支配收入 3006.5 元，占比 20%；中等偏下组人均可支配收入 7827.7 元，占比 20%。这就是说，年均可支配收入低于 1 万元的农村居民占比

40%，折算成具体人数就是2.36亿人。如果以年均可支配收入2万元为标准线，这个群体数量有6.3亿人。所以，从潜在用户群体方面来看，在消费升级趋势下，短期内，凭借留存用户，拼多多可实现持续发展，成长为可与淘宝、京东两大电商平台对抗的电商平台。

从长期看，拼多多的发展还有另外一种可能，就是从当前的低价导向成功升级为性价比导向，利用各制造企业的剩余产能真正实现C2M（顾客到工厂），提升少量SKU的销量，帮工厂缩减产品线、减少中间环节、稳定供应链，将规模效应无限放大。

以江西瑞昌两家纸巾生产工厂为例，截止到2018年4月18日上午11：05，这两家工厂在拼多多平台已收到947.13万件拼单，平均每单29.9元，销售额2.83亿元。如果拼多多能真正实现C2M，其未来的估值将远超150亿美元。当然，拼多多要想实现可持续发展就要严格把控商品质量，这就需要平台深度参与产品选择、产品生产、质量控制等环节。目前，小米生态链、网易严选都处在这个阶段。

在上述两款纸巾的评论中，投诉纸巾质量的评论非常多，损害了消费者对厂家、平台的信任。所以，拼多多必须持续努力从低价转向性价比。因为虽然拼多多平台能用低价的商品暂时留住部分消费者，但从长期来看，这部分用户留存不足以支撑拼多多与淘宝、京东抗衡，只有以性价比实现用户留存，拼多多才能切实提升自己的竞争力，否则只能沦为其他电商平台的入口，拼多多培养的用户最终会流向淘宝、京东等已经非常成熟的电商平台。

变现：拓展利润，提高货币化率

平台型电商的利润来源主要是佣金、广告、流量分配；自营性电商的利润来源主要是商家买卖差价、供应链及周转效率。目前，拼多多的定位是平台型电商，但没有向商家收取佣金和广告费，只向使用第三方支付的商家收取0.6%的手续费，之前“拼多多通过对卖家罚款赚取收入”的报道也已被证实为不实之词。所以，拼多多要想实现可持续经营就必须考虑货币化率。

在长期货币化率方面，淘宝无疑是成功的代表。2017 年，阿里巴巴的货币化率是 3%，其背后是淘宝 5 亿多用户、完善的运作系统、及时的解决方案。未来 2 年，拼多多很有可能继续不对商家收费，或者只收取非常低的费用。

目前，很多认为拼多多有广阔发展前景的人都认为“现在的拼多多就是初期的淘宝”。相较于初期的淘宝来说，拼多多成交额、用户数量的增长速度要快很多。对于拼多多来说，这一现象有利有弊。好处在于拼多多能迅速缩小与淘宝、京东的差距，坏处在于淘宝花费 10 年多的时间解决的假冒伪劣产品问题、管理机制问题、客单价提升问题、盈利模式问题，由于商业环境的改变、消费升级，拼多多要在 10 年内，甚至 1 年内解决。

虽然拼多多可以借鉴淘宝的经验，但也要面临很多未知的问题。如果拼多多在解决这些问题之前贸然模仿淘宝，必将面临产品假冒伪劣、无法持续获客、客户留存率低等问题，很有可能导致货币化率无法提升。如果拼多多完成了 C2M 转型，是不是就能实现盈利了呢?

目前，小米生态链、网易严选、淘宝心选、京东京造都在致力于 C2M 模式的打造，只不过这四者的目标用户群体是消费能力较强的主流用户群体，都比较注重产品质量，难以对微信平台进行充分利用，获客效率比较低，很难像拼多多一样实现复制裂变。

C2M 也有两种模式：一种是平台模式，另一种是自营模式。对于拼多多来说，自营模式资产太重，短期内不易实现。如果仍保持平台模式，拼多多很有可能向小米学习，采用其生态链模式，以参股的方式投资中小厂家打造爆款。

采用这种模式，拼多多不仅可以提升佣金，还能通过与厂商分成赚取一定的利润，这种盈利模式与拼多多的爆款属性、平台传播模式更加契合。但这种模式也存在一定的风险，因为采用这种模式意味着拼多多要与其他几大行业巨头竞争。总而言之，拼多多能否提高货币化率，最终实现盈利这个问题有待验证，拼多多要采用哪种模式提升货币化率，是否有条件运行这种模式都有待观察。

第2章

电商第三极：

寡头时代下重构电商生态圈

2.1 逆袭之路：拼多多的蜕变与升级路径

创立初期：打造社交生鲜配送平台

在踏足社交电商领域前，黄峥曾在2007年创立电商代运营企业——乐其电商，主要从事食品和母婴行业业务，为强生、雀巢、达能等知名公司提供服务。自营社交电商“拼好货”于2015年4月开始投入运营，主营生鲜品类的运营。在初期发展阶段，拼好货以微信公众号的形式存在，采用B2C自营模式开展运营，购买用户数量达到要求后，即可用低廉的价格购买生鲜产品。

新游地是黄峥投资创立的游戏公司，其核心团队在分析用户心理需求的基础上，继拼好货之后创立了社交电商平台——拼多多，在原有基础上拓宽了经营品类。低价优势加上社交元素，吸引了众多用户参与拼团。作为社交电商领域的后来者，拼多多迅速崛起在市场上。

拼好货是自营电商，拼多多则是平台化运营模式的实践者，但究竟哪种模式引领电商未来的发展主流尚未可知，以高榕资本、IDG

资本为代表的知名投资者对拼好货、拼多多都给予了资金支持。事实上，早在拼好货、拼多多运营早期，投资者就对两者之间的融合发展做了初期设想，但一直以来并未对外声明这两家公司之间的关系。

拼好货主营生鲜品类。从理论层面来分析，生鲜品类的运营难度是比较大的。顺丰优选切入生鲜领域，且被许多人看好，但最终并未取得理想的成绩。京东也始终没有建成完善的生鲜供应链系统，为了在生鲜领域涉足，只能联手永辉超市与天天果园展开布局。实力型电商平台尚且无法成功，拼好货凭什么以生鲜品类为切入点？

首先，相较于其他品类，生鲜品类的商品种类比较有限，以水果为例，种类不会超过 100 个，但属于消费者日常所需的商品；其次，与实体水果店相比，线上生鲜经营存在很大的开发空间；最后，拼好货创始人拥有丰富的代运营经验，熟悉供应链、仓储配送等各个环节的运营，通过采用社交拼团预付费方式，拼好货无须在冷链仓储上消耗大量成本，而是根据消费者的具体需求量，直接从产地或大众批发市场向消费者发货，在这种方式下，拼好货能够降低自身的成本消耗，为消费者提供更便宜的生鲜产品。

这种运营方式也存在缺点，比如配送时间比较长。为了解决这个问题，拼好货后期利用大数据分析订单需求，据此进行备货。

野蛮生长：基于微信的超级独角兽

面对迅猛发展的拼多多，淘宝显然已开始采取应对措施。2018 年 2 月 1 日，淘宝上线“亲情账号”业务，以获取更多中老年消费群体的青睐；3 月 17 日，淘宝推出“淘宝特价版”APP，从消费升级转向消费分级。

除此之外，淘宝还发起了“超值优选”的招商活动，直面“追求极致性价比的人群”。淘宝明确表示会为入驻“超值优选”的商家提供流量支持，直接向拼多多平台发起了挑战。淘宝网的这一系列动作意义非凡，毕竟之前很长一段时间阿里巴巴都在为消费升级努力。

由此可见，拼多多对整个电商行业的“鲶鱼效应”已开始显现，并引起了各大电商巨头的警觉。在 2017 年之前，拼多多还只是一个活跃在微信平台上的小电商，到 2017 年底，拼多多的月均成交总额达到了 100 亿元，用户规模更是增长到了 3 亿人。如此迅猛的发展态势吸引了所有媒体与投资者的关注。

拼多多的崛起受到了很多外界的帮助，其中最重要的就是腾讯，比如，2016 年，腾讯参投拼多多，帮助其完成了 B 轮融资；2018 年，腾讯领投拼多多，帮拼多多融资 30 亿美元。

在此期间，微信平台对拼多多的拼团、裂变提供了全方位支持，掀起了社交电商的热潮。正是在腾讯的支持下，拼多多才取得了今天的成就。在看到拼多多借微信成功运作社交电商之后，也有很多平台尝试在微信平台运作社交电商，比如国美电器、蘑菇街等，几乎都以失败告终。

虽然为了彰显平台“公平、公正、公开”的特点，微信曾多次屏蔽拼多多的诱导分享链接，但每一次拼多多都能推出新的方式进行裂变。虽然拼多多的成功在很大程度上依赖于微信的帮助，但它的成功也说明了两个问题：

第一，社交电商可以实现，这并非伪命题；

第二，对于社交电商来说，“拼团”模式是获取新用户、进行裂变的利器。

借助社交电商，拼多多低价获取了3亿用户，月活跃用户大约为1亿~1.6亿，随用户量增长的不是美誉度，而是批评与投诉。即便在这种情况下，拼多多依然实现了野蛮生长。

2017年，微信小程序上线，企业界普遍认为这将开启新一轮流量红利期，但在诸多尝试模仿拼多多的创业公司中，没有一家公司的发展速度能够媲美拼多多。

图2-1　拼多多小程序

之后，拼多多推出了独立APP，降低自身对微信生态的依赖性，虽然拼多多APP上线时间较短，但其已经拥有了千万级日活跃用户，首周装机留存用户占比高达60%。截止到2018年5月，拼多多已经积累了超过3亿用户，这将为平台的长期稳定发展奠定坚实基础。

在拼多多看来，社交拼团的价值是让企业能够对目标用户进行细分，为企业提供一个了解用户的有效途径，而不是用来提高交易额的增长手段。在对用户有了足够认识后，企业可以主动推荐满足其个性需求的商品，而 APP 是实现这一目标的重要载体，并不一定要局限在微信生态之中。

资本扶持：获得互联网大佬的青睐

作为初创企业，如果能在发展初期得到知名投资人的支持，那后续的融资难度就会降低。拼多多的创始人黄峥就做到了这一点，他同时获得了网易创始人丁磊、淘宝创始人孙彤宇、OPPO 老板段永平、顺丰总掌舵人王卫的投资支持，进而得到了更多投资者的关注与青睐。

黄峥在带领团队创立拼多多之前，先是推出了移动社交电商“拼好货”，并获得了上文提到的四位知名投资人的支持，在此基础上又吸引了高蓉资本、IDG 资本的加入。2015 年 9 月，社交电商平台拼多多上线，新天域资本、腾讯等知名投资机构参与投资。一年之后，拼多多与拼好货合并，黄峥担任新公司的董事长兼 CEO，公司主打拼多多品牌。

黄峥通过代运营公司和游戏公司赚得盆满钵满，但他并没有满足于现状。他在大学期间学习的是计算机专业，仍然对互联网行业充满期待，而不只是局限于在当下的领域同客户打交道、壮大业务规模。黄峥希望建立规模化的企业，能够得到资本市场的支持，成功上市，这是他不断开拓电商领域的重要原因。

大学时期的黄峥，对计算机技术颇有研究，正因为如此，他在那时便结识了丁磊，也就是后来的网易创始人，此后两人一直保持联系。无论是在思维层面还是在实践层面，丁磊都给黄峥提供了许多有益的帮助。黄峥从谷歌退出后，在创业过程中曾遇到困难，丁磊得知后想帮他摆脱困境，但黄峥最终选择依靠自己的能力解决，可见两人交情之深。

段永平是黄峥在美国读研期间结识的校友，这位进入“福布斯富豪榜”前100名的步步高董事长曾出资62万美元与“股神”巴菲特共进午餐，并携黄峥共同参与，这也体现出黄峥与段永平之间的深厚情谊。

黄峥认为，在学生时代，因为彼此的价值观之间存在交集，才使他们走到了一起，所谓“志同道合”便是如此，所以，尽管后期他与丁磊、段永平在业务方面的往来有限，但仍然与他们保持良好的互动关系。

不同于丁磊与段永平，黄磊与顺丰总掌舵人王卫则是通过业务走到一起的。作为电商代运营公司乐其的创立者，黄峥因为物流业务需求与王卫结识，在聊天过程中两人发现十分投缘，不仅如此，王卫还曾帮助黄峥给亲戚到香港找药，解了他的燃眉之急。此外，王卫还邀请黄峥出任顺丰顾问。

黄峥与丁磊、段永平、王卫等人的结识过程有些传奇，但不可否认的是，作为创业者，黄峥确实得到了更多的优质资源。

具体而言，丁磊可以向黄峥传授内容运营的方法，为其游戏产品的运营提供有效的指导；王卫能够向黄峥传授物流运营方面的知识及技能；段永平使OPPO和vivo的品牌及产品被广大国内消费者所熟知，也能够给黄峥创立及运营社交电商平台提供有益的指导；孙彤宇则为黄峥带来了更多的人脉资源，有力推动了拼好货、拼多多的发展。

黄峥在创业过程中，得到了丁磊、王卫、段永平和孙彤宇的强大资金支持，与此同时，这四位大佬的加入自然吸引了众多投资者对拼多多的关注。比如，拼好货首轮融资得到了高榕资本和IDG资本的支持，第二轮融资的总体规模突破 1000 万美元。2016 年，拼多多宣布完成 B 轮融资，知名投资机构高榕、新天域、腾讯等都有参与，融资金额达 1.1 亿美元。

补足短板：提升后端服务运营能力

拼好货上线两个月，推出荔枝特卖活动，其热销程度远远超出预期，最高时一天出售 20 万份，但考虑到平台的货物能力有限，在连续两天销售火爆后，黄峥立即终止该特卖活动，同时也意识到了社交电商蕴藏的巨大潜力。

那个时期拼好货刚刚投入运营，日发货量仅限于 5 万单，所以要完成两天 40 万单，需要用 8 天时间来发货。但此时产品的部分包装工作还有赖于传统人工，仓库的打包能力有限，而除了包装方面的问题之外，配送方面也存在短板。所以，在绞尽脑汁解决了包装问题后，拼好货不得不启动落地配系统。

此外，因为延长了收获时间，很多用户产生了不满，而荔枝在运送途中的新鲜度下降，进一步激发了消费者的负面情绪，且拼好货的客服能力有限，无法及时回复消费者的投诉电话，尽管运营方加快向用户退款，但处理速度仍然无法满足消费者的需求。

这次活动给拼好货及黄峥本人造成了巨大的损失，为了弥补在仓储及配送方面的短板，拼好货先后在北上广等地区建设仓库中心，并意识到要根据自身的吞吐能力开展具体的运营，还要加大后端体系的建设。通过此次活动，黄峥也发现了社交电商的广阔发展前景。

面临仓配问题，采用自营模式的拼好货加紧建设供应链。在这个时期，呈现迅猛发展趋势的拼多多也陷入困境。从消费者的角度来分析，买到的商品仍然存在质量问题。在初期发展阶段，拼多多主推水果，商品的损坏率达到 5%，就算在发货时能够保证商品质量，但仍然无法保证最终到达消费者手中的商品是新鲜的。

这说明拼多多尚未建立起完善的服务体系，供应链后端的运营能力也有待加强。针对这个问题，拼多多推出了两种解决方案：短期方案与长期方案。短期方案是指建立品质水果团，在消费者下单后 24 小时内保证发货，否则在 24 小时内退款，进一步完善售后服务；长期方案是指提高平台的仓配能力，加速商品流通，优化商品配送。

从平台化运营的角度来分析，拼多多的商家与平台之间既紧密合作又相互对立。除生鲜产品之外，拼多多还经营了多种品类的商品，为了保证产品质量，平台通过“神买”方式，对各个地区的产品进行不定期抽查，让用户把购自平台商家的商品寄给平台运营方，对其进行质量检验，如果发现商家以次充好，就会对其实施惩罚，具体方式包括冻结商家的账户、罚款、冻结账户货款等，同时为消费者提供赔付服务。对于平台的严格处罚行为，部分商户颇有怨言。此外，拼多多曾出现运营人员与商家合谋欺骗的问题，导致平台陷入舆论旋涡，不利于整体自身形象的建立。

拼好货与拼多多在未合并之前是相互独立的。采用自营模式的拼好货经过一段时间的发展，建立起了良好的口碑，不足之处是成本消耗大，虽然在 2015 年达到了盈亏平衡的水平，但其发展速度相对较慢；相比之下，采用平台模式的拼多多拥有大规模的用户基础，与数万商家达成合作关系，品类也更加丰富。

换句话说，拼多多与拼好货之间具有互补性。拼多多具备流量基础，但难以保证生鲜产品的质量。拼好货的供应链体系更加完善，如果将拼好货转变成拼多多的子频道，可以与第三方卖家共同优化仓储及配送环节的运营，从而提高水果电商的品质。最终，董事会实施了合并方案，让拼好货保持独立性的同时，作为拼多多的子频道开展运营。

但平台运营者要清楚，拼好货与拼多多的服务体系是存在明显区别的，两者之间的融合需要足够的时间。在这个过程中，运营方要重点做好用户教育工作。传统模式下，在用户的认知中，拼好货与拼多多是相互独立的，如今，既要让用户接受两者已经融为一体的事实，还要让他们一如既往地信赖平台的商品质量，这是一个长期的工作。

平台独立：摆脱对腾讯的过度依赖

拼多多不可能永远野蛮生长。一方面，拼多多的诱导分享将对微信用户体验造成不良影响，正因如此，微信迟迟不敢进行大规模的商业化。为了维护用户体验，微信必将对拼多多予以限制。另一方面，拼多多采用低价策略，商品质量整体较差，平台投诉率高居行业第一，只能吸引价格敏感型用户，很难让追求商品质量的用户对平台产生黏性，导致平台活跃用户群体比较狭窄。随着微信红利逐渐消失，拼多多的野蛮增长势头必将减弱。

中国电子商务研究中心监测数据显示：在拼多多平台的用户群体中，女性用户占比 70%，男性用户占比 30%；来自一二线城市的用户占比 7.56%，来自三四线城市的用户占比 65%。事实上，发展初期，拼多多的用户主要是家庭主妇，这个群体对价格的敏感度极高。现如今虽然拼多多采取各种措施向全网女性消费者扩散，但其主流用户群体依然是勤俭持家的家庭主妇。

这种现象出现的原因很好理解。拼多多推行的是低价策略，商品价格低，质量自然较差，追求商品质量的消费者自然不会购买。于是，拼多多只能吸引那些追求极致便宜的人，将其发展为高忠诚度用户。拼多多的 3 亿用户证明这类消费者规模非常庞大。

2016 年 7 月，拼多多完成 B 轮融资，腾讯作为领投方使拼多多曝光量得到显著提升，外界也普遍将拼多多划分到腾讯系，认为微信会为其提供资源支持。但事实并非如此，拼多多也没有得到像腾讯战略合作伙伴京东那样在微信上获得独立入口的支持。

在发展初期，拼多多确实需要微信，作为一个现象级社交产品，微信为拼多多提供了深度接触用户的有效媒介。同时，拼多多也为微信创造了价值，比如，在小程序上线初期，小程序运营团队将拼多多作为官方示例，向外界展示了小程序的形态、功能等，此时，双方保持着一种相对良好的合作关系。

然而随着拼多多不断发展壮大，这种合作关系被打破，拼多多对微信社交场景的过度依赖，导致拼多多对流量失去控制权，比如，微信对“诱导分享”“刷屏”等行为的限制抑制了拼多多的发展；微信强调所谓的“去中心化”，要将自身打造为包容一切的综合平台，而拼多多所展现出来的强大电商引流能力与其这种理念不符。

在推出了独立 APP 后，拼多多积极借助“APP 点评领红包”等方式提高用户黏性与在线时长，让用户可以在 APP 中邀请其他用户参与拼团，而不用去微信中找人帮忙拼团。在 APP 运营团队的努力下，拼多多 APP 渗透率得到明显提升，极光大数据公布的数据显示，2017 年，刚上线的拼多多 APP 渗透率仅有 1%，但到 2017 年底时，这一数字增长至 19.37%。

如今，拼多多对微信的依赖程度明显降低，能够在更为广阔的市场中掘金。更为关键的是，拼多多早期积累的分析用户需求的能力，可以帮助其探索个性化推荐消费场景，显著提高服务效率与质量，给用户带来极致的购物体验。

依托微信度过摇篮期，又从微信中脱离成为独当一面的巨头，是想要发展壮大的拼多多的必然选择，而这也是腾讯所期望的。在阿里和腾讯逐渐主导国内移动互联网行业背景下，腾讯期望能够在自身不擅长的电商领域借助战略合作伙伴京东来牵制阿里，而拼多多的迅猛发展给阿里的电商业务带来了潜在的威胁，使阿里降低了对腾讯系的京东、美团的打压，更何况拼多多还被认为未来将会和淘宝展开大战。

在资本层面上，腾讯作为拼多多的股东，能够对拼多多发展产生一定的影响，据公布的数据显示，腾讯在拼多多中拥有董事会席位。通过工商局的企业信息查询，可以发现腾讯持有拼多多的股份为 8%，是仅次于高榕资本（持股 10%）的第二大外部股东，腾讯之所以投资拼多多，和高榕资本的沟通协调存在密切关联。

处理好自身和巨头之间的关系，无疑会对创业公司发展产生关键影响，阿里、腾讯等国内互联网巨头的疯狂投资并购行为，使很多有希望成长为巨头的创业公司沦为阿里或腾讯帝国的子业务。而创业公司想要处理好自身和巨头之间的关系，必须保持较高的成长速度，能够在短时间内成长到一定的体量，这样才能得到更多资本方的支持，摆脱对某一巨头的依赖，拼多多在处理和腾讯之间的关系时，也需要如此。

挑战巨头：与京东、淘宝正面竞争

拼多多在很短的时间内引爆了整个互联网，与微商有相似之处，都是通过微信平台引流，借朋友圈营销发展起来的社交电商。二者的不同之处在于，微商是“去中心化”的社交电商，拼多多是“中心化”的社交电商。因为“中心化”，所以拼多多在微信平台上的引流、裂变可以实现有效管理。

对于已经在消费者心目中留下假冒伪劣印象的拼多多来说，要想在短期内扭转这一形象，实现转型发展不太容易。如果拼多多一直推行低价策略，就会损失一大部分消费者。而且，如果拼多多以成本价或者低于成本价的价格销售商品，就要直接面对淘宝、京东、唯品会等电商平台的攻击，将自己置于危险境地。更重要的是，在商户实现爆发式增长之后，如果继续推行诱导分享机制，所有商户产品的引流都会受到不良影响。也就是说，如果拼多多继续推行这种模式，就会重蹈淘宝的覆辙。

从这方面来讲，淘宝无须成立“打多办”，只需给予商家一定的补贴，在商品价格区间方面进行遏制，就能抑制拼多多的迅猛发展势头。目前，淘宝已着手这方面的工作，且已经取得了不错的效果。也就是说，曾经助力拼多多崛起、实现迅猛发展的低价、裂变策略都变成了制约其发展的枷锁。

未来，电商领域必然有拼多多的一席之地，但关于“拼多多会终结淘宝与京东”的说法纯属危言耸听。淘宝、京东在电商领域的地位是多年奋战取得的，比如淘宝能在用户规模增长趋缓的情况下让销售业绩保持快速增长，绝不是运气使然，背后体现的是淘宝的实力、能力。

当然，现阶段，淘宝与京东已很难将拼多多全面打压下去，毕竟在三线以上城市的电商市场上，拼多多已形成了一定的知名度，还积聚了一大批追求低价的用户群体。另外，拼多多能在如此短的时间内取得如此好的成绩，说明其运营团队综合素质高、学习能力强，很难被打垮。更何况其团队中还有很多实力强大的“前辈”，可从各个方面为拼多多提供资源，助力其发展。

从另一个方面来看，在社会零售总额中，线上电商占比不足 20%。而且，近几年，线上电商的总体增长率在持续下降，阿里巴巴、京东等电商巨头都在向线下延伸，在新零售领域争夺话语权。未来，在零售领域，线上、线下、物流相互融合的新零售才是发展趋势。也就是说，未来 5 年，谁能在新零售领域实现突破式发展，谁才能主宰零售业未来的发展。

从布局数量来看，阿里巴巴与腾讯大体持平，可能腾讯要略胜一筹。但从技术深度方面来看，阿里巴巴与腾讯有着明显的差距，小程序的出现让腾讯在技术领域的成就变得扑朔迷离。虽然腾讯投资了拼多多，但腾讯也投资了很多线下零售企业。这些线下零售企业是否愿意和拼多多合作打通线上线下，共同探索新零售还未可知。再加上，腾讯有自己的产品——小程序，这才是新零售的重点发展对象。

未来，随着微信红利逐渐减少，拼多多必将寻找新的流量来源，届时，拼多多的流量成本将有所增加，也将逐渐扭转自己在消费者心目中“低价劣质”的形象。对于拼多多来说，这才是真正的考验。

重构生态：拼多多模式的蝶变之路

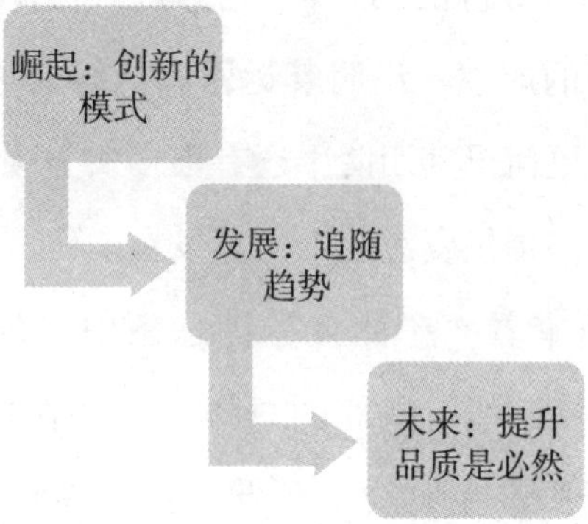

图 2－2 拼多多模式的蝶变之路

◎ 崛起：创新的模式

拼多多之所以能迅速崛起，社交电商模式发挥了重要作用。近年来，社交电商一直是行业热门话题，很多创业者都聚焦该领域发起了很多创业项目，但大部分创业项目都以失败告终。同时，阿里巴巴、京东等电商巨头也在积极试水社交电商，比如阿里的圈子、京东与腾讯的合作等。但遗憾的是，阿里巴巴、京东没有触摸到社交电商的本质，只是将社交与电商结合在了一起，所以他们在社交电商领域并没有取得多么突出的成就。

这两大电商巨头的失败给了拼多多崛起的机会。在社交电商领域，拼多多走了一条与京东、阿里巴巴不一样的道路，以“朋友推荐”为切入口，遵循“低价＋精选”的产品挑选原则，采用“拼团”的形式在微信、微博等社交平台扩散，最终满足用户的购物需求。

在社交电商的刺激下，大量用户需求被激发出来，并且得到了极大的满足，商户有了更明确的销售目标，特别是腰部商户，在提升品牌曝光率的同时避免与大品牌发生冲突，免于大品牌压制，最终实现发展壮大。正因如此，拼多多才能用不到三年的时间积聚 3 亿用户，让月成交总额突破 30 亿元。

◎ **发展：追随趋势**

任何一家成功的企业都非常擅长追随发展趋势，拼多多就是如此。

随着智能手机的普及与移动互联网的发展，消费者逐渐养成了移动购物习惯，手机的功能也越来越多元化，从通信到购物、娱乐等。相关数据显示，早在 2015 年就有 50% 的手机网民在移动端购物，移动电商的成交额也成功超越 PC 电商。也就是说，当下，对于电子商务来说，移动端是最主要的交易渠道。拼多多迅速、准确地抓住了这个趋势成功崛起，成为趋势红利的领导者。

前端，拼多多利用人们愿意在社交平台分享的特点，以拼团的形式，利用人与人之间的社交联系，将人们快速聚集到自己的平台；后端，拼多多致力于产品质量控制和口碑打造，收集用户需求，将其反馈给上游的生产商、供应商，为用户提供能够满足其需求的产品，从两个层面实现流量变现，最终完成整个交易过程。

拼多多创新了流量分发方式与内容传播形式，从中心化转变为去中心化，让整个电商从“物以类聚”转向“人以群分”。简单来说就是，拼多多改变了电商体系中的销售前端，让整个供应链随销售前端的变化而变化。

在这些改变的影响下，拼多多的用户数量迅速裂变，从“1 亿人都在拼多多”到“3 亿人都在拼的购物 APP”，拼多多仅用了两年多时间。未来，在拼多多的影响下，整个电商行业的格局都会发生巨变，正是因为这一点，拼多多才能在资本寒冬下顺利完成融资，因为拼多多模式代表了行业发展趋势。

◎ **未来：提升品质是必然**

目前，在三线以上城市的电商市场上，拼多多的地位非常稳固，因为淘宝特价版的流量来源不足，京东商城用户多为男性。2018 年 3 月，淘宝网、京东商城都上线拼团业务，分别推出淘宝特价版和京东拼购。但目前阿里巴巴正在推行消费升级战略，在该战略的影响下，淘宝流量正在涌向天猫，淘宝特价版无法从淘宝平台获取较多流量，只能通过淘宝客拉新、发布广告获取流量，流量成本极高，而且因为没有社交，导致用户很难快速裂变。京东虽然与腾讯达成了合作，但因为在其用户群体中，男性用户群体占比超过了 60%，所以不会对拼多多产生太大的影响。

提升产品质量是发展趋势。因为入驻门槛低，所以拼多多平台上的商家良莠不齐，自成立之日起，拼多多就经常收到顾客投诉。虽然现阶段，淘宝特价版、京东拼购没有对拼多多造成太大威胁，但要想留住用户，提升用户留存，拼多多必须提升产品质量。另外，借鉴小米、名创优品的成功经验，拼多多可以采取高性价比战略进入一二线城市。如果拼多多能切实提升产品质量，改变在消费者心目中销售假冒伪劣产品的形象，其在一二线城市的渗透率就能得以大幅提升。

综上，拼多多之所以能在资本寒冬顺利融资、迅速崛起，就是因为它将腾讯前端的产品、阿里后端的运营思维、游戏思维相结合，改变了传统电商搜索式的购物模式，创造了一种全新的购物模式。在这种模式的影响下，整个电商行业的格局有可能被彻底颠覆，还有可能开辟一个新的电商蓝海。

2.2 超级独角兽：

拼多多的运营实战法则

顺势而为：拼多多成功的三大关键

拼多多崛起的关键在于它迎合了互联网趋势，并抓住了转瞬即逝的发展机遇，下面进行具体分析。

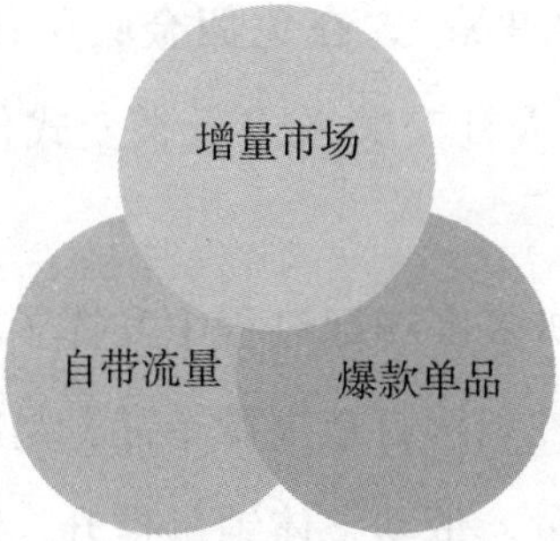

图2-3　拼多多成功的三大关键因素

◎ 增量市场

市场环境是新兴商业模式能够落地并不断走向成熟的关键所在，所以，分析拼多多崛起的成功因素，需要了解其所处的时代背景和市场需求。近几年，移动互联网的快速普及，在较短时间内创造了一个几乎没有天花板的增量市场，智能手机、移动支付的快速发展更是为商业模式创新提供了强大推力。

CNNIC发布的第41次《中国互联网络发展状况统计报告》指出，截止到2017年12月，中国网民规模达7.72亿，普及率达到55.8%，其中，手机网民规模达7.53亿；线上支付用户规模为5.31亿，其中，手机支付网民规模达5.27亿。

也就是说，拼多多的快速发展，是建立在中国相对发达的社交网络，大量用户养成使用微博、微信、贴吧等各种社交工具习惯的基础之上的。作为移动互联网的主流流量入口，社交媒体受到了社会各界的广泛关注。软硬件技术的不断成熟及相关基础设施的日益完善，为拼多多的社交电商模式崛起奠定了坚实基础。

◎ **爆款单品**

拼多多致力于将自身打造为社交电商领军者，在运营实践中，坚持打造“爆款单品”，在免佣金吸引优质商家入驻平台的同时，借助微信的熟人社交关系进行裂变式传播，吸引并沉淀海量用户。

爆款单品模式在拼多多崛起过程中发挥了十分关键的作用，之所以很多商家愿意牺牲利润打造爆款单品，是因为爆款单品能够以较低成本带来庞大流量，带动整体销量提升，帮助店铺实现价值最大化，而拼多多的爆款单品模式迎合了商家的这种需求。

事实上，在激烈复杂的市场竞争中，企业想要让自身的产品成功突围绝非是一件简单的事情，不但要面对同行业竞争对手，还要担心被跨界而来的颠覆者淘汰，而打造爆款单品不但能够让企业以低成本获得较高流量，还能加快企业品牌建设进程，通过建立有较强影响力的品牌构筑起较高的竞争壁垒。

◎ **自带流量**

移动互联网时代，流量成本不断攀升，而搜索、社交、电商、出行等诸多领域入口已经被各行业巨头所控制，创业者取得成功的难度明显加大。

采用社交电商模式的拼多多投入大量资源发掘并培养核心用户，并通过拼团、发红包等方式引导其口碑传播。在微信好友、群、朋友圈分享的加持下，拼多多平台和用户以及用户和用户之间实时交互，不但为用户带来了诸多乐趣，而且帮助拼多多沉淀了一批忠实用户。

拼多多依托微信生态建立起“自带流量”的社交电商平台，在解决流量成本不断攀升问题的同时，也为自身的商业拓展提供了广阔的想象空间。

极致社交：颠覆传统社交购物模式

拼多多商业模式其实没有多么复杂，简单地说就是一种线上团购模式，让用户可以用团购价格低成本购买。想要以团购价购买商品的用户，可以将链接发送给好友，当团购人数达到一定条件时，拼团成功，用户可以低价购买，否则拼团失败，系统将会在规定时间内向用户退款。这种模式具有天然的社交性，可以利用人们的社交圈实现口碑传播。

在拼多多出现以前，社交电商模式就已经出现，小红书等各垂直领域社群出身的电商平台就是典型代表，曾经在微信上大热的微商也有社交电商的基因。但此前采用社交电商模式的平台发展相对有限，虽然部分玩家获得了一定的利润回报，但远达不到拼多多这种高度。拼多多能够利用社交电商模式取得巨大成功，与其解决流量问题以及吸引用户广泛参与存在密切关联。

此前的社交电商往往以 KOL（Key Opinion Leader，关键意见领袖）主导的达人经济为主，利用目标用户对 KOL 的认可与信任，来引导他们购买相关产品或服务，虽然解决了信息不对称问题，但流量成本过高问题依然存在。社交媒体上，有相当多的电商卖家抱怨流量成本快速增长，导致店铺很难盈利。而传统社交电商借助了自带流量的 KOL 资源，虽然节省了引流成本，但它没能增加流量，KOL 本身是一种稀缺资源，想要得到 KOL 支持也需要付出较高成本。

此外，在传统社交电商模式中，KOL 和普通用户之间并非是平等关系，KOL 为普通用户提供意见与建议，然后为电商平台导流，而普通用户的权力主要就是购买或拒绝，无法为商品提供背书。在拼多多模式中，所有用户都能发起团购，邀请身边的人一起购买高性价比商品，用户的口碑推荐会对其他用户购买决策产生关键影响，这种情况下，用户可以获得更多的体验感、满足感。

在拼多多社交电商模式中，用户都是平等关系，享有同等权力，可以借助朋友圈向好友展示商品独特优势，从而吸引他们参与团购，帮助自己以更低的价格买到优质商品。显然，这是一种基于熟人社交关系的商业模式，为破解线上交易信任问题提供了新的思路。

互联网时代，很多企业所谓的创新其实就是将线下场景转移到线上，能够为用户创造的价值是相对有限的。直播平台可以看作将线下的本地化场景转移到线上；电商卖家则是将商品购买从实体店转移到线上。消费者在购买商品时，需要投入大量时间和精力，从海量的同质商品中选择真正适合自己的商品。

尤其是对于女性用户群体，她们购物前往往并没有强烈的目的性，在逛街过程中发现了合适的商品后，才决定购买。此前的电商平台不但未能降低用户的选择成本，反而因为对海量同质商品的集中呈现，导致用户选择难度进一步提升，比如人们逛淘宝时，不知不觉就过去了几个小时。而在拼多多平台中，所有用户都能将自身发现的优质商品，分享给亲朋好友，邀请他们一同购买，解决选择难题的同时，还能享受到更为优惠的价格。

差异策略：满足长尾用户消费需求

和几年前相比，中国互联网用户不再仅是经济较为发达的一二线城市居民，三四线、五六线城市居民也快速成长起来，成为影响企业成败的关键因素，而且在用户规模方面，三四线、五六线城市居民整体规模显著高于一二线城市，虽然客单价较低，但可探索空间十分广阔。

在淘宝、天猫、京东等电商巨头普遍将精力集中到提高产品质量及服务体验，从而迎合消费升级的趋势时，拼多多反而专注于服务那些初涉互联网的长尾用户，抓住他们对价格、功能、性价比较为敏感的特性，最大限度地让利用户，快速赢得其认可与信任。

服务于长尾用户，让拼多多和天猫、京东等电商巨头实现了差异化竞争。显然，拼多多想要从这些电商巨头手中拼抢一二线城市用户是十分困难的事情，而将更多的时间与精力投入到长尾用户身上，不但让拼多多快速积累了大量忠实用户，也为自身找到了一条打破国内电商垄断局面的差异化发展路径。

事实上，长尾互联网用户的快速增长，使很多创业公司受益，快手、拼多多都是典型代表。近几年，中国网民增长的核心驱动力主要源自于三四线、五六线城市居民加入互联网大军，一二线城市已经相对饱和。对接三四线、五六线城市居民消费需求，成为企业掘金移动互联网时代的关键所在。

很多互联网从业者思维仍停留在互联网初级发展阶段，将一二线城市的互联网用户作为互联网主流用户，认为互联网用户年收入达 20 万元以上，有较高学历，对品质和品牌较为重视，但事实并非如此，在我国庞大的网民群体中，一二线城市互联网用户仅是小众群体。

国家统计局于 2018 年 1 月 18 日发布的数据显示，2017 年全国居民人均可支配收入中位数为 22408 元，低收入组人均可支配收入为 5958 元，中等偏下收入组人均可支配收入为 13843 元，中等收入组人均可支配收入为 22495 元，中等偏上收入组人均可支配收入为 34547 元，高收入组人均可支配收入为 64934 元。

和美国家庭年收入数据做对比，美国 46% 的家庭年收入在 24 万元以上，仅有 5% 的家庭年收入达 120 万元，美国人均 GDP 是中国的 7 倍。所以，中国三四线、五六线城市互联网用户普遍对价格较为敏感的判断是基本符合实际情况的。

拼多多的崛起，也正是得益于近几年中国长尾互联网用户渐成主流，他们对产业发展有着十分关键的影响。对于部分互联网产品，不同背景用户的价值存在一定差异，比如，对那些内容付费互联网产品而言，运营方需要更加侧重头部付费群体。YY 在发展初期主打的秀场模式，虽然也关注日活跃用户和月活跃用户，但留住那些月消费（向主播赠送各种礼物）几十万元甚至上百万元的头部用户更为关键。而拼多多等互联网产品则是对接广大普通用户，迎合长尾互联网用户消费需求。

由于经济发展不平衡等问题，在相当长一段时间里，我国长尾互联网用户声音被抑制，消费需求得不到充分满足，他们的收入水平、受教育程度和一二线城市居民存在一定差距，但数量庞大、前景广阔，拼多多、快手、抖音等互联网企业则对这一群体给予高度重视，通过为其提供优质服务快速沉淀大量忠实用户。

从零售轮转理论看拼多多运营策略

提及拼多多，我们往往会想到零售轮转理论，该理论经过了前互联网时代及 PC 互联网时代的验证，进入移动互联网时代依然在发挥作用。根据零售轮转理论，零售业的发展过程就是原有的零售组织不断被新零售组织颠覆的过程，当新零售组织能以更低的费用及价格在市场运行，对原有的零售组织进行彻底颠覆时，零售车轮就会向前驱动，将原有的零售组织抛在身后。

◎ 拼多多震撼性的商品超低价格

在电商市场上，拼多多就是一个后来的颠覆者，用超低的商品价格吸引、积聚了一大批消费者。在这低价的背后，如果商家保持着理性运营，那么它一定创建了一种更高效的运转机制，否则根本无法盈利。

亚马逊创始人贝索斯曾说过商业策略必须在一定时期内稳定的基础上进行架构。在零售业领域，无论何时，客户都需要低价的商品、快捷的配送服务、更加多元化的选择。对于零售企业来说，这就是相对稳定的基础。显然，拼多多的运营模式很好地迎合了这种相对稳定。

在所有人将目光聚焦“消费升级”的形势下，拼多多将运营重心放在了低端消费市场，致力于满足低端消费者的消费需求。事实上，拼多多的这一做法并没有背离消费升级的大趋势，就像在美国零售市场有很多一美元店、日本零售市场上有很多百元店一样，这些零售店铺的兴盛只能说明不同消费阶层对消费升级有不同的要求。消费升级指的是产品升级，而不是价格升级。

现阶段，我国的消费升级也表现出了不同的特征：首先，不同消费阶层的消费升级步调不同；其次，不同区域消费群体的消费升级步调不同，在商品和时间层面呈现出递进关系。拼多多的成功离不开精准的借势。随着一二线城市的移动用户逐渐饱和，三四线及以上城市的移动用户开始增长，再加上智能手机在这些市场的快速普及，拼多多精准地抓住了这波流量红利，顺势崛起。

根据极光大数据在2017年11月统计的数据，拼多多65%的用户来自三线及以上城市，其中一线城市用户占比7.6%，而京东商城的用户中，一线城市用户占比15.7%。根据百度指数，拼多多30岁及以上的用户占比89%，其中30~39岁的用户占比50%。

◎ 拼多多的多样化促销手段

拼多多诞生于一个社交网络极度发达的时代，微博、微信等社交媒体的使用时长在移动互联网使用时长中的占比超过了40%，目的性购物的电商模式不断收缩，社交媒体商业化模式仍在不断摸索。面对这样一个发展潜力巨大的社交电商市场，拼多多用一个拼团模式将其激发了出来。

拼多多吸引顾客的方法非常多，抽奖拼单、砍价免费拿、团长免单券、助力享免单、24小时红包邀请等。除此之外，用户在拼多多APP签到也可以领取红包，参与答题并且答案正确也可以领取红包，答题错误可以帮朋友获得红包。可见，拼多多将促销方法用到了极致，利用各种手段刺激用户分享链接，让人目不暇接。

◎ **拼多多的亲友砍价及现金红包**

关于如何让用户主动转发产品信息，乔纳·伯杰在《疯传》中提出 STEPPS 六原则，分别是社交货币、情绪、诱因、使用价值、公共性、故事。进入移动社交时代以来，人们的分享意愿越来越强，却没有分享理由，拼多多就解决了这个问题，给了人们一个分享的理由。

也就是说，移动社交时代的低价战略不同以往。借助超低的商品价格、三四线及以上城市的大规模用户、多元化的商品选择、有趣的推广策略、好友的信用背书，拼多多成功地从被巨头控制的电商市场上脱颖而出，并且积聚了自己的用户群体。

拼多多的成功离不开其背后既懂游戏又了解电商的运营团队。拼多多的运营人员既有电商运营思维，又有游戏产品与社交思维，再加上微信小程序的推动，拼多多成为第一大社交电商，在小程序排行榜上的名次也升至第二名。

◎ **拼多多的微信小程序排名**

从用户方面来看，之前我们一直以为拼多多平台用户多是追求极致性价比的家庭主妇，却不知它已吸引了一大批学生群体，实现了向低龄用户的快速渗透。

从商家方面来看，目前，已有 30 多万商家入驻拼多多平台，经营着 15 大类的商品，比如服装、母婴、食品、洗护、美妆、手机、家纺、水果等，这些商家有不知名的个体商户或厂商，也有知名品牌，比如百丽、森马、强生、联合利华、五粮液、达芙妮、匹克、苏泊尔、蓝月亮等。至此，拼多多已成为一个综合性的拼团平台。

2.3 平台对决：拼多多与淘宝的流量之战

长尾效应：拼多多与淘宝的用户比较

据悉，2017 年天猫商城总体 GMV 增长率为 40% ~50%，增长速度达到了 2013 年以来的最高值。天猫商城 GMV 增长率大爆发的原因是阿里内部整体流量战略的倾斜。

为了实现消费升级，阿里巴巴对用户群体进行了划分：第一类是追求高性价比、背叛成本低于 10 元的用户，这类用户在总用户中的占比为 40%；第二类是重度依赖网购的用户，这类用户占比 30%；第三类是潮流先锋用户，这类用户占比 20%。在更改品牌口号之后，天猫商城将运营重心放在了后两类用户身上。

现阶段，在阿里巴巴所有业务部门中，天猫商城的流量倾斜最严重，这一点从阿里巴巴对外宣传始终以天猫商城为重点就可以看出。在很多公开场合的电商业务宣传中，天猫商城都是重点宣传对象，淘宝平台很少被提及。在阿里巴巴的资源分配体系中，淘宝正在被边缘化。

虽然在阿里巴巴当前的战略中“消费升级”是核心，但淘宝平台有40%的追求极致性价比的用户。过去很长一段时间，阿里巴巴都放松了对这部分用户的关注。

据了解，自2017年年中以来，淘宝网内部对商家的管控有所松动，这一现象出乎所有人意料。之所以如此，主要原因在于阿里执行“服从大盘”政策降低了淘宝网对商户的支持力度，导致很多商家陷入焦虑、恐慌。在2017年“双11”之前，广州沙河、株洲等地的商家曾因此事上访，这一上访事件成为管控松动的标志。在平台流量支撑、营销推广双双减少的情况下，虽然绝大部分商家没有退出淘宝平台，但他们也在考虑新的发展渠道。

据调查，很多商家同时在拼多多平台和淘宝平台开设了店铺，但拼多多店铺的经营效益要比淘宝店铺好很多。比如，某销售低价服装的商家表示，2017年，其拼多多店铺的销售额接近百万元，但淘宝店铺的销售额只有十几万，差距十分明显。

拼多多不仅在迅速吸收C端的商户，也在迅速吸收C端的消费者。目前，在用户数量方面，淘宝平台与微信平台相差4亿人，这4亿人主要是三线以上城市及乡村地区使用微信社交但不网购的群体，这个群体恰好是拼多多的主要受众。

在过去2年多的时间里，拼多多利用这部分阿里、京东等电商巨头无暇顾及的消费者迅速发展壮大。根据公开数据，2016年9月，拼多多的用户规模达到了1亿人，月商品销售额达到了10亿元，到2017年1月，拼多多的月商品销售额达到了40亿元。目前，拼多多的月活用户近3亿，月销售额已破百亿。当初，京东商城用了6年时间才将月销售额做到百亿级。也就是说，拼多多用不到三年的时间走完了京东花费六年时间走完的路。

在国内移动互联网行业，腾讯以投资并购的方式抢占了超过50%的互联网流量，阿里系占据的流量约为20%。二者在互联网流量方面的强大把控力，也让外界普遍认为这两家企业市值未来都将达到万亿美元级别。

阿里近年来的迅猛发展，和其商业基因存在密切关联，长于卖商品的阿里在引导用户交易方面具有明显领先优势。而腾讯是社交出身，使其获取流量具备先天优势，在亿级流量支撑下，腾讯通过增值服务、游戏获取高额利润回报。

在商业基因加持下，阿里进行了诸多创新，比如支付宝、菜鸟物流等。得益于支付宝、微信支付的迅猛发展，我国的移动支付发展水平在世界上处于前列，但让阿里颇为困扰的是，其社交板块发展严重受阻，在流量方面很难和腾讯匹敌。

目前的拼多多业务仍局限在电商领域，和布局广泛的阿里根本不是一个量级。社交电商模式建立在一定的社交关系基础上，利用人的口碑传播可以降低流量成本。目前的阿里将精力放在迎合消费升级的主流趋势方面，天猫国际、淘宝严选、盒马鲜生等板块的出现很好地证明了这一点，同时，阿里加快布局新零售，通过大数据、云计算、物联网、互联网思维等先进技术及理念对传统电商及实体零售进行改造升级，充分整合线上线下优势。

想要让拼多多在短时间内成长为阿里这种巨头是几乎不可能的事情，但长期来看，社交电商模式在积累用户方面的领先优势，能够帮助拼多多实现精准高效运营，帮助其和用户建立密切连接关系，沉淀海量忠实用户，这将为拼多多的未来发展提供广阔的想象空间。

多维竞争：拼多多与淘宝模式比较

阿里电商业务涵盖了 C2C、B2C 及 B2B，在国内电商市场中，其平台交易占比高达 60%，是国内乃至全球电商巨头。电商公司都与阿里存在竞争关系，但仅有少部分公司能够被阿里称为竞争对手。

当然，因为双方发展阶段、商业理念等方面的差异，拼多多与淘宝的战役并未真正打响，在淘宝看来，如今的拼多多更像是低配版的聚划算，和淘宝的生态有明显差异。

聚划算是淘宝在 2010 年上线的，也采用了低价、团购及单品运营策略，拼多多和其确实存在诸多相似之处，但拼多多能够在短时间内积累 3 亿用户，并整合上百万商家资源，值得淘宝给予高度重视。

从淘宝进入 2018 年后的一系列动作来看，引流拉新是其 2018 年的发展重点。和淘宝相比，京东和拼多多之间的竞争相对较少，一位京东高管指出，拼多多主要是和淘宝抢蛋糕，其低价策略主要是打动那些对价格较为敏感的用户群体，这和淘宝用户群体存在较高重合度。

虽然淘宝在推广淘宝亲情账号方面投入大量资源，主要目的是为淘宝带来一批中老年新用户，但考虑到中国传统文化的影响，中国父母普遍抵触子女为其想要的商品买单，即便有方便快捷的淘宝亲情账号，他们也不愿意开口。

在商家资源方面，淘宝平台上同时存在销售低端、中端及高端（或者说是稀缺）商品的商家，其中，中端商家往往集中在天猫上，是淘宝的重点商家资源，而高端商家虽然较少，但它是淘宝和竞争对手实现差异化竞争的重要资源。在低端商家资源方面，淘宝感受到了拼多多的强烈威胁，因为低端商家本身利润较低，对成本控制要求更高，但在淘宝上要付出较高的佣金及运营成本（在商品价格中占比超过 30%），而拼多多的低成本优势，可能会导致淘宝低端商家大量流失。

在电商领域，用户和商家资源之争是主旋律，但现阶段双方的战争尚未真正打响。之所以造成这种情况，一方面是因为阿里电商板块恰逢权力更迭期，2017 年 12 月底，阿里旗下的淘宝、天猫更换总裁，分别由蒋凡和靖捷担任。事实上，阿里 CEO 张勇早已意识到了拼多多的潜在威胁，但在综合多方意见后，认为现在和拼多多正面作战为时尚早。另一方面，淘宝近几年也开始尝试去低端化，从而解决淘宝平台的售假、服务不佳等问题。要求淘宝低端商家在淘宝和拼多多中二选一，来打击拼多多没有必要，而且这样做也会损害自身形象。淘宝给予低价商品更多流量支持，可能更多的是为了服务于淘宝 2018 年引流拉新的战略规划。

从淘宝特价版 APP 的市场表现来看，淘宝似乎并未像外界所认为的给予其大量流量支持，该 APP 下载量及用户活跃度并未达到预期水平，目前，阿里电商业务重点还是围绕天猫和盒马鲜生展开。整体来看，拼多多的长期战略规划和淘宝的长期战略规划确实存在一定相似之处，但二者之间的差异也较为明显。

未来的拼多多是要发展成为线上 Costco，让不同用户可以在拼多多上买到真正适合自身的高性价比产品，结合目标用户的个性化需求，为其提供定制化的产品及服务。

在商品分发方式方面，淘宝的商品分发方式是搜索，用户主动寻找商品，品类多元，SKU 庞大，号称“只有想不到，没有买不到”。拼多多的商品分发方式是推荐，将商品推荐给目标用户，不必追求庞大的品类及 SKU，能够迎合用户个性化需求即可，在推荐机制下，拼多多还可以尝试和上游供应商合作，探索 C2M 定制模式。

拼多多早期的单品运营、不提供搜索服务、基于微信熟人社交关系传播等，都可以看作是为了探索 C2M 定制模式而做出的努力，这能够保障商品销量形成一定规模，在此基础上，低成本的 C2M 定制模式才具备落地可能。

阿里近年来也在积极探索满足日益个性化、多元化的消费需求，事实上，新上任的淘宝总裁蒋凡从 2013 年加入淘宝至今，负责过淘宝头条、直播、内容视频等多个业务板块，虽然目前搜索在淘宝商品分发中仍占据约 50% 的比重，但未来这一数字会不断降低，相应地，推荐、内容、活动、直播等占据的比重会稳步提升。

现阶段，拼多多想要从淘宝手中抢用户、抢商家资源，需要对流量进一步整合，打造爆款单品，在抢占消费者心智的同时，压缩产品成本。同时，强化社交场景消费，目前淘宝主要是结合消费者在平台的搜索、评论、购买等消费数据，为用户推荐商品，缺乏社交关系支持，而社交场景消费是利用微信崛起的拼多多的优势所在。

目前，拼多多仍处于初级发展阶段，其商业模式还需要经过市场验证，未来仍有很长的一段路要走。淘宝最初上线聚划算的目的是通过制造爆款逐渐沉淀忠实用户，在此基础上，发展定制模式，然而在实际发展过程中，聚划算陷入到了低价拼团的泥潭中，如果拼多多不能为自身制定科学合理的战略规划，最终可能成为下一个聚划算。

零和博弈：拼多多 VS 淘宝特价版

2018 年 3 月 16 日，“特价版”淘宝正式上线，其定位是“淘宝旗下边赚边省的特价购物 APP”，主要运营天猫、淘宝平台的折扣商品，为三四线城市的消费者提供低价、高性价比的购物体验。

业内人士普遍认为阿里巴巴上线“特价版”淘宝是为了狙击拼

多多，虽然阿里巴巴官方一直否认这个说法。但事实上，早在2018年2月1日，淘宝上线“亲情账号”业务就是在与拼多多争夺中老年消费群体。

阿里官方对“特价版”淘宝上线的解释是“为了让更广大的消费者能一键获得质优价廉的商品，不断满足人们丰富多样的物质文化需求”，虽然没有提及拼多多，但其页面设计、产品运营与拼多多非常相似。“特价版”淘宝APP首页是醒目的“9.9元购”“最高9.9包邮”等内容。

从运营风格来看，“特价版”淘宝与淘宝有较大差异。近几年，淘宝一直致力于消费升级，以“千人千面”策略扭转“低价假货”的形象，分散流量，降低“低价爆款”产品出现频率。但“特价版”淘宝APP的页面设计与淘宝初期的页面设计非常相似，从这方面来看，“特价版”淘宝似乎违背了淘宝平台现阶段的运营思路。

在品类划分方面，手机淘宝以业务模块划分品类，“特价版”淘宝则用手机、数码、女装、男装等商品类型对品类进行划分，这是其与拼多多又一相似之处。当然，除此之外，“特价版”淘宝还有充值中心、特卖清仓、平价超市、量贩优选等服务模块，部分服务与拼多多重叠。

量贩优选、平价超市、特卖清仓几个模块中的商品价格多在几十元左右，即便是手机品类，商品价格也多在千元以下。比如三星手机，“特价版”淘宝只有一些配件，价格最高的就是一款主打性价比的平板电脑。从这些方面可以看出，“特价版”淘宝走的是低价路线。阿里的这一举动表明淘宝平台再次开放19.9元及以下商品端口，以期借此重新获取中小商家。

“特价版”淘宝狙击拼多多并不是一件易事，因为拼多多是以社交裂变产生的流量为支撑崛起、发展的，在微信生态下传播，能以非常低的成本获取新用户，这一点，“特价版”淘宝很难做到。

需要注意的是，“特价版”淘宝在获取新用户方面也采用了“拉人头”的方式，老用户成功邀请一名新用户下单、付款、完成购买，双方都可获得红包奖励，奖励金额最高10元。从流量支撑方面来看，“特价版”淘宝比拼多多弱很多。因为微信屏蔽淘宝链接，所以“特价版”淘宝只能以淘宝平台为流量支撑，只能通过发送邀请码获取新用户，导致获客效率远不如拼多多。

拼多多在微信生态下运行，而且微信月活已突破10亿，这为拼多多提供了源源不断的流量。同时，拼多多利用亲朋好友之间的拼团裂变，将线下的逛街购物场景转移到了线上。另外，在拉新奖励方面，拼多多的奖金也要比“特价版”淘宝高出很多。

当然，流量获取只是“特价版”淘宝难以狙击拼多多的一个原因。另外，淘宝和“特价版”淘宝的账户体系相通，在“特价版”淘宝上线之后，淘宝是在存量市场运行还是在增量市场运行尚不确定。从目前的情况看，大多数“特价版”淘宝用户都直接来自淘宝平台，所以，对于阿里巴巴来说，如何打开增量市场是一大难题。

但在淘宝生态下，“特价版”淘宝可以分享淘宝的商户资源，吸引淘宝平台上的商家入驻。此前，淘宝“天天特价”频道曾开展“超值优选”的招商活动，明确表示会为进驻“超值优选”频道的商家提供流量支持。

QuestMobile最新数据显示：2017年12月，在卸载淘宝APP的所有用户中，50.3%的用户流向了拼多多平台；而在卸载拼多多APP的用户中，78.3%的用户流向了淘宝平台。这一数据表明，淘宝与拼多多在用户争夺方面展开了“零和博弈”。未来，淘宝与拼多多争夺的主要对象将集中在三四线城市对价格敏感度高、追求极致性价比的长尾用户身上。

战略转变：拼多多对淘宝系的影响

在三线及以上城市及农村地区存在很多没有网购经验的中老年人，这个群体规模异常庞大。这些消费者对商品价格的敏感度较高，拼多多的低价策略正好迎合了这个消费群体的需求。从目前的情况看，拼多多的低价策略多针对淘宝，淘宝售价 19.9 元的商品拼多多售价 9.9 元，对于追求极致性价比的消费群体来说极具吸引力。

从商家的角度看，淘宝平台上的流量获取价格越来越高，与其在淘宝平台花钱买流量，不如在拼多多做活动引流，相较于淘宝平台来说，微信平台流量更多，平均获客成本要比淘宝平台低很多，而且通过微信平台的裂变，商家会获得无限惊喜。再加上，在拼多多平台，商家可以免费进入首页，这一点对商家有极强的吸引力。

面对拼多多的强烈攻势，淘宝平台上线“亲情账户”“超值优选”，向这部分消费群体渗透，以期对拼多多的迅猛发展势头产生一定的抑制。淘宝无法通过微信吸引流量，只能在其他流量渠道做广告，比如在春晚期间推出亲情账号、淘宝客拉新给予奖励、在微博推送广告、在 360 等浏览器嵌入广告等。

相较于拼多多通过微信获取流量来说，淘宝平台的这种流量获取成本非常高。但从春晚的成绩来看，这种流量获取效果非常好。据了解，春晚活动给淘宝平台带去了比“双 11”活动高 15 倍的流量。在春晚抽红包活动中，淘宝平台直接崩溃，可见参与人数之多，参与积极性之高。

在用户获取方面，拼多多的出现让淘宝压力骤增。“多快好省”

是网购用户的核心需求，之前，淘宝一直在这几方面努力，所以拼多多在这几方面的成功让淘宝感受到了极大的威胁。事实上，在互联网电商发展的这十几年间曾出现很多面向低端市场、主打高性价比的电商平台，比如返利网、折800、楚楚街、蘑菇街等，但这些电商平台都多多少少与淘宝网有所关联，其运营方法也是发放淘宝优惠券或淘宝商家站外特卖，对阿里巴巴有很高的依存度，而且随着依存度越来越高，阿里巴巴对这些电商平台有了高度掌控。

拼多多却不同，它与阿里巴巴的电商体系没有丝毫关系，在微信生态下运行，大部分种子用户都没有经过PC端电商时代，而是直接进入移动电商时代。这种以微信平台为依托的、实现了去中心化的电商模式就是社交电商。社交电商可以通过人与人之间的交流互动实现网状传播，帮商家触及三线及以上市场的消费者，实现渠道下沉。所以，从商业模式来看，未来，拼多多将成为一个非常有效的电商解决方案。

未来，即便淘宝网与拼多多正面相对，面对从微信平台源源不断获取流量的拼多多，淘宝可能毫无办法，而微信却可以进一步阻止淘宝在微信平台通过淘口令转移流量的做法。如果微信采取这一做法，淘宝将受到严重打击。

现阶段，阿里巴巴不仅要面对低端市场上的拼多多，还要应对消费升级市场上“反阿里联盟”的挑战。“反阿里联盟”指的是京东与唯品会、美丽联合集团、网易考拉、网易严选、小米生态链等组建的联盟，其目标是与天猫争抢市场。在此形势下，阿里巴巴将“消费升级”战略转变为“消费分级”实为明智之举。

第3章

社交新零售：

实现“人货场”的高效匹配

3.1　爆款策略：

让消费者买到实惠的商品

创造价值：拼多多重构“人货场”

拼多多以为消费者创造价值为愿景，创新产品模式，为自身构建了一条差异化的电商运营路径，通过错位竞争打破了阿里、京东、唯品会等电商巨头的垄断局面，同时，积极应用大数据、云计算等新一代信息技术完善用户消费场景，带来更为良好的用户体验。通过新电商模式重构“人货场”，是拼多多短时间内快速崛起的重要原因。

◎ 从以物为先到以人为先，从物以类聚到人以群分

传统电商流量成本持续提升，而且头部效应尤为突出，中小卖家无力支付较高的付费推广费用，生存状况十分堪忧。作为传统电商模式颠覆者，拼多多没有采用传统电商物以类聚、经营商品的目的式购物方式，而是结合目标用户特性，以人为经营单位，将商品信息分享到用户较为集中的微信、微博、贴吧、论坛等各种社会化媒体中。

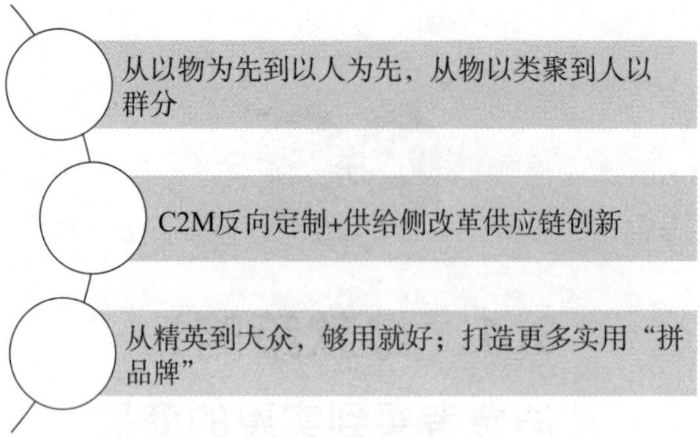

图3－1　拼多多重构“人货场”

拼多多坚持以人为先，重视并尊重用户实际需要，通过分享拼团模式对个性需求进行整合，让消费习惯、需求心理相一致的用户相互影响，充分利用用户社交圈实现病毒式推广，让卖家能够以较低的成本获得庞大流量，有效解决了传统电商模式的高流量成本问题，而且分享拼团模式让消费者能够获得更多的趣味性、满足感。

◎ C2M反向定制＋供给侧改革供应链创新

C2M是消费者无缝对接工厂模式，能够实现商品的定制供应，有效解决库存积压及中间商层层加价问题。拼多多虽然成立时间较短，但已经在C2M反向定制方面进行了大量探索实践，为消费者提供了丰富多元的优质低价商品。

消费需求日益个性化、差异化，实现商品定制供应成为满足消费需求的必然选择，但商品定制供应成本较高，明显高出普通商品价格，这是很多普通消费者不能接受的。拼多多通过大数据分析，对用户群体进行细分，并对个性化需求进行整合，在此基础上制定商品生产计划。然后精心挑选保障商品质量、产能及服务水平的优质上游制造商，指导其进行定制生产，减少中间环节过多带来的流通成本增长，最大限度地让利消费者，真正为用户创造价值。

这对入驻拼多多平台的商家也有极其重要的价值，比如，商家可以专注于少量的精品，以较高的订单量，降低原材料采购、产品生产、仓储库存、物流配送等诸多方面的成本，更为关键的是，它还将为商家的品牌建设提供强大推力，以“植护”“可心柔”两个纸巾品牌为例，仅 2 年时间，两家品牌在拼多多上共计达成 932 万件订单，销售纸巾达 2. 61 亿包，在江西制造业中产生了强大的示范作用。

◎ 从精英到大众，够用就好；打造更多实用“拼品牌”

消费逐渐回归理性是拼多多品牌成功崛起的一项重要因素。由于经济快速发展，人们购买力显著提升，长期被压制的消费需求在短时间内集中爆发，人们不但在国内市场中大肆消费，在国际市场中，中国消费者“买买买”也成为一道亮丽风景，消费主义大行其道，很多人“不求最好，但求最贵”。而如今移动互联网与智能手机的快速推广普及，使商品价格甚至价值趋于透明，人们可以通过智能手机方便快捷地了解商品信息，消费逐渐回归理性。

这种情况下，拼多多强调“够用就好”，以较低的价格为消费者提供真正适合的商品，产品极具性价比，而极具性价比的商品经过用户口碑传播后将具有较高的品牌知名度，最终造就了多个造福亿万民众的实用“拼品牌”。

低价爆款：真正给消费者带来实惠

随着各大社交应用平台的普及，大众消费群体从熟人口碑转向了趣缘社交与同好社交，这是近年来中国式消费的最大改变，也是拼多多平台崛起的社会基础、心理基础。

对于电商模式来说，人与物的高效匹配是关键。当年，微商通过朋友圈链接创建了一种商业模式，但因为过度消耗熟人间的信任关系而被同好社交取代。当年，淘宝聚划算打败闪购成功崛起，闪购失败的主要原因就是没有“乐趣”基因。拼多多却利用微信完成了交易转化，整个过程消耗成本几乎为0，并逐步实现了用户沉淀。面对如此良机，淘宝紧随其后推出了淘宝特价版。

事实上，消费升级或者消费降级不能只看价格。国家发改委的年度居民消费报告明确表示：现如今，我国居民消费正在从“从众模仿型”转向“个性体验型”。在这种趋势下，产品要想长期在市场上存活就必须根据产品消费周期迭代更新。

阿里巴巴、京东商场聚合了海量商品，消费者要保持足够的耐心逐一挑选，才能获得令自己满意的商品；拼多多好比一个综合性商场，每层都有好店铺，消费者一眼就能看到爆款，而且会主动将一些有趣、性价比高的商品分享出去。

拼多多的商业模式可满足消费者主动（有明确的需求）、被动（以逛为主）的购物需求，因此商家打造爆款的模式也非常特别。比如，旺季，松子的价格是35元/斤。某坚果零售商在松子产地发现一种个头稍小但果仁饱满的松子被加工成果仁销售，于是，该零售商采购了一批这种松子加工成炒货，售价28.9元/斤，价格在消费者可接受的范围内，而且还很好地保证了松子的口感，成功地打造了一款爆款产品。

由此可见，拼多多的爆款模式并不只是低价，其中还隐藏着一定的商业洞察。

一件商品应该被划归为高档产品、中档产品还是低档产品，在很大程度上取决于成本结构，价格只是成本结构的外在表现。人们认为低价的商品质量一定不好，就是因为没有对产品的成本结构做出正确的理解。

在现代社会，快消品质量与价格之间的关系已基本确定，正因如此，阿里巴巴和京东发起的“双11”“618”等购物节才能发展为全民狂欢。而生鲜电商之所以这么多年都没有起色，也是因为产品标准不确定。

任何一家想实现长远发展的企业都不会欺骗客户，所谓的“低价”其实是电商平台与消费者双向筛选的结果。

近年来，外贸订单量不断下降，原材料成本、用工成本越来越高，长三角和珠三角地区的企业都在转型升级，带来了两大重要变化：

（1）行业集约化，大型企业、工厂垄断了OEM订单，其他中小型企业、工厂无单可做；

（2）中小企业开始推行前店后厂模式，却要面临电商流量成本暴涨问题。

这些商家要想进驻传统渠道，比如沃尔玛，不仅要支付高额的入场费，还要接受9个月的账期。在此情况下，微利模式下的低风险品牌化道路就成了这些企业的迫切需求。拼多多发现了企业的这种需求，并将其无限放大，通过C2M模式让希望买到高性价比产品的消费者与需要消化产能的商家成功对接，利用爆款策略帮中小商家降低了运营风险，还帮其以较低的成本、较快的速度实现了品牌化。

从消费者角度来看，国内年轻的消费者对新品牌的接受度越来越高，在社交网络的作用下，爆款产品极有可能成长为快时尚产品。

最初，拼多多是在微信流量的支持下发展起来的，但一个APP要构建自己的生态，必须开展流量的自运营，引导用户进入品质消费阶段。据了解，现如今，拼多多已经将复购率列为最重要的运营指标。

进入成熟期之后，拼多多要着力解决以下三大问题：

第一，如何将沉默的消费者永远留在平台，让他们持续为流量转化做贡献。因为据了解，打造爆款商品的主要力量是这些沉默的消费者，而不是那些喜欢分享的种子用户。

第二，平台要如何平稳地渡过低价竞争阶段，进入下一个发展阶段。

第三，平台要如何让消费者享受到有格调的购物体验。

精准匹配：无缝对接用户消费需求

谈及拼多多平台的成功，不得不说的一个人就是孙彤宇（拼多多的天使投资人），作为中国电商领域的拓荒者，他对“平台”有更深入、更科学的理解。他认为“平台”和“品牌”是两个完全不同的概念，品牌的主要任务是满足细分群体个性化的消费主张，平台的主要任务是对市场在不同阶段的发展状态进行洞察，让供需在最大程度上实现匹配。拼多多平台的成功就是因为做到了这一点。

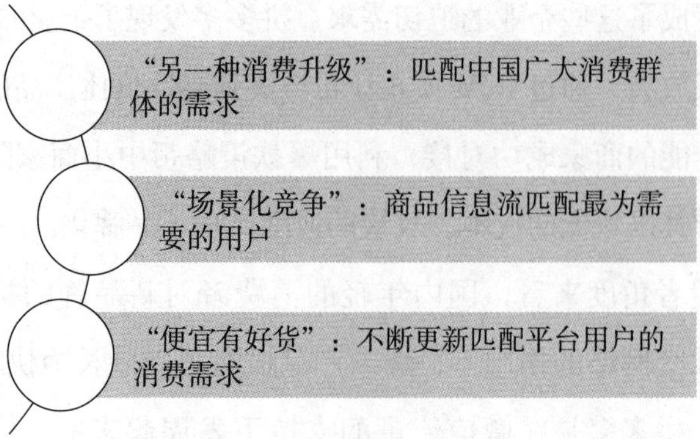

图 3－2　拼多多无缝对接用户需求

◎ “另一种消费升级”：匹配中国广大消费群体的需求

拼多多的经营模式就是匹配、满足中国广大消费群体的需求。有人认为拼多多的这一经营模式是“消费降级”，但这一说法并没有影响拼多多推行这一模式的决心，其原因在于，拼多多发现了被淘宝、京东等电商巨头忽略的三线及以上城市的市场，认为在当前的市场环境下，这是拼多多进入电商领域的最佳切入点。

在拼多多的经营模式中，拼单、低价只是一种手段。之前，国内的电商平台一直聚焦一二线城市，致力于提升这些城市消费者的生活水平，从而忽略了更广阔的中小城市市场与乡村市场。对于这些市场上的消费者来说，拼多多带来的就是“消费升级”。

拼多多的核心竞争力就是“匹配中国广大消费群体的需求”，正因如此，它才能在不到 3 年的时间积聚 3 亿用户。国内互联网电商市场存在很多不容忽视的价值需求，其背后蕴藏着规模庞大的潜在消费群体。拼多多就是致力于发现、满足这些需求，从而取得了极大的成功。

所以，对于拼多多来说，低价不是平台发展仅有的武器，只要能找到被成熟的电商平台忽略的消费群体，且这个消费群体的规模足够大，就有机会在电商领域崛起，成为下一个电商巨头。

◎ “场景化竞争”：商品信息流匹配最为需要的用户

现如今，电商平台的运作方法正在从获取流量转向场景推荐。在互联网下半场，拼多多致力于打破传统“人找货”的搜索模式，创建“货找人”的新玩法，让商品信息流与用户需求相匹配，从而实现平台价值。

百度、腾讯、阿里巴巴采用的都是流量模式，但随着人工智能的发展，信息量越来越大，机器智能分发信息渐成主流，给传统的互联网企业造成了一定的冲击。正是因为看到了这一点，拼多多才会以“电商界的今日头条”为定位。因为今日头条的智能信息推荐给百度搜索造成了巨大的冲击，奠定了其在信息智能分发领域的地位。

为了实现上述发展目标，起初，拼多多利用微信让商品信息与用户需求进行匹配。现如今，在积累了3亿用户之后，拼多多就可以将人工推荐转变为机器选品，让场景化竞争成为平台的核心竞争优势。

◎ “便宜有好货”：不断更新匹配平台用户的消费需求

经过3年时间的发展，拼多多模式逐渐被人们认可、接受，并凭借超大体量成为一种现象，之后，拼多多的平台生态发生了巨变，人们开始逐渐接受“便宜有好货”的理念。为了能持续不断地与用户需求匹配，拼多多逐渐将平台价值向供应链方向延伸。

为了帮用户选到高性价比的商品，拼多多团队亲自前往产品产地。在日用消费品领域，“拼工厂”开始扶持优秀的产品生产企业，一方面为这些企业提供一站式的电商服务，另一方面也培养了很多致力于生产高性价比产品的新兴品牌。在农产品领域，“拼农货”逐渐成为一种时尚，将国内种类丰富的农产品与庞大的农产品消费市场相匹配，推动农产品品牌化战略逐渐落地，让消费者享受到更优质的农产品。

“多实惠多乐趣”是拼多多的发展使命，“让更多的商品匹配更多的用户需求”是拼多多永恒的发展主题，正是这两点成就了爆红的拼多多平台。

爆款运营：拼多多商家的盈利法则

一提到拼多多，很多人都会想到“低价”“便宜”，不少人登录拼多多 APP 后觉得这个平台的运营不可思议，因为价格真的很低，以至于部分用户甚至觉得平台的产品售价低于成本。这当然是不可能的，因为从本质上说，所有经营者都是追求利益的，若平台运营无利可图，也不会吸引越来越多的商家入驻。所以，很多低价策略不过是给消费者设置的障眼法。

在拼多多平台上，以低价信息吸引消费者点击进入的现象十分普遍。但不得不承认的是，从整体上来看平台的总体价格确实偏低。很多人不禁产生这样的疑问：价格这么低，岂不是无法盈利？实际上，拼多多的总体价格虽然比较低，但也不至于会低于产品的成本价，现在就来分析一下拼多多商家是如何盈利的。

◎ 改革选品思路

不少商家强调商品数量，从生产企业的角度来分析，数量越多，生产规模越大，越能够促进企业的发展。但从普通商家的角度来分析，过多的商品没有太大的价值，商家经营的目的是获取利润，与商品数量没有直接的关系。

以服装产品为例，为了提高自身的利润所得，经营者应该选择新款产品。拓展服装类产品的溢价空间并不难，虽然“低价走销量”的策略也能够增加商家的利润所得，但只要该商品不再受到消费者的追捧，商家的整体经营就会受到影响。

即便是标准化程度比较高的商品，也可以选择新款主推，小电器在这方面表现得尤为突出。以家用空气净化器为主，不妨选择工厂近期推出的新型产品，而不是在价格上绞尽脑汁。

◎ 根据平台的用户群体特征，选择相应的产品开拓细分市场

随着国内城市化的发展，很多农村居民进入城市地区。这类用户并不是随着互联网的发展成长起来的，但符合拼多多平台的定位。

相较之下，这类用户的审美能力较低，所以主打简约风家居饰品的商家不适合入驻拼多多平台，其商品不符合平台用户的审美需求。

在开拓细分市场的过程中，商家如何保证自己的商品对接拼多多用户群体的需求？

对于服装类商家，在了解拼多多用户群体审美的基础上，推出一些仿皮草类产品，将价格控制在合理范围内。对于经营标品的商家，可以根据平台用户的需求，推出广场舞音响产品，找准这类用户的痛点促使其进行消费。经营保健品类的商家，可以根据女性消费者爱美的心理，推出减肥药、抗衰老产品等。对平台用户的群体特征进行分析，就能把握住他们的需求。

◎ 和品牌合作，哪怕是小品牌

商家也可以通过联手品牌获得品牌授权，借助品牌力量在拼多多平台上占据更多优势。由于拼多多的品牌比较少，为了吸引品牌方的入驻，就会给商家提供一些有利条件。

拼多多对大品牌的吸引力比较低，而一些小品牌的授权门槛比较低，且品牌本身具备一定的影响力，合作成本也不是太高，如果商家联手这类品牌，就能借助品牌的影响力促进产品的销售，并在拼多多平台上的同类产品中占据优势地位，而且能够得到平台运营方的照顾。

由此可见，除了低价策略，商家也可以通过其他方式获取利润。

3.2 AI 新零售：

开启社交电商的智能时代

AI 技术在拼多多平台的实践与应用

新技术诞生之后，其价值及影响普遍存在“短期被高估，长期被低估”的现象，等到初期的热度逐渐冷却，投资者也会回归理性，并由最初的乐观转为谨慎。1995 年至 2001 年间的互联网泡沫足以说明这个问题。

近年来，迅速发展的 AI 产业吸引了众多创业者及投资人的目光，现如今，业内人士已经将关注焦点转移到了 AI 的商业化发展上。许多行业都试图借助 AI 提高运营效率，并通过实施“AI in all”“AI 落地”等计划挖掘 AI 的应用价值。

全球知名 IT 研究与顾问咨询公司高德纳（Gartner）预测，2020 年时，对于零售商与消费者之间的沟通，人工客服只需承担 15% 的工作，其他由人工智能来完成。高盛集团也预测，2025 年时，人工智能能够让零售业在原有基础上每年增加 410 亿美元的收入，并有效降低企业的成本消耗。

对零售业而言，核心问题仍然是性价比。尽管消费升级时代已经到来，但历史文化因素决定，我国的大众消费者仍然倾向于选择质优价廉的商品。拼多多在初期发展阶段主要利用微信平台获取了大量用户，但在后续发展过程中，依然要靠商品的性价比来提高用户留存率。

产品的性价比是影响消费者决策制定的重要因素，只有在性价比方面占据优势，零售企业才能从众多竞争者中脱颖而出。无论是哪种类型的消费，性价比都是消费者关注的重要因素，且这个特性不会随时间推移产生变化。

值得关注的一点是，随着生活水平的提高，人们对精神层面的需求不断提升，文化消费对人们的吸引力也明显增加，从总体来说，文化消费在日常消费中的占比不断提高，相比之下，物质消费的占比持续降低。

拼多多是基于技术及社交思维开展运营的，如今，这个电商平台已经积累了大量用户，平台与消费者之间存在大量交易行为，且融入了许多社交元素，这种运营方式能够为 AI 的应用提供更加全面、精准的数据资源，有助于平台利用先进的技术手段对用户需求进行分析，进而提高商品推荐的针对性，更加充分地发挥 AI 的价值，从整体上节约平台的成本。

从某种程度来说，实现商品与用户需求之间的对接是电商平台运营的核心，对接得越准确，越能够形成良性竞争，进而提升消费者的体验。

AI 在拼多多的应用，能够帮助平台优化选品、科学制定商品价格，解决传统人工选品及定价过程中存在的问题；此外，平台可利用 AI 及时了解市场发展走势及总体竞争情况，具体制定智能化的应对方案，提高自身的环境适应能力。拼多多利用 AI，能够向供应链系统提供消费者的行为数据，根据当下的环境条件促进供应链的完善，更好地满足消费者的个性化需求。

在商业模式上，拼多多注重打造爆款。热销产品的市场需求量通常较高，短期内订单量大幅上升，会导致商家在生产及交付环节承担太大压力，为了解决这个问题，商家应该明确自身供应链的承受能力，优化平台的资源配置。在营销环节，拼多多利用 AI 帮助企业进行传播，对活动实施效果进行分析，帮助企业找出问题所在。

实现了商品与消费者需求之间的对接，就能促使商家在参与竞争的过程中，不断提高自身商品的性价比；平台在控制商品价格的同时，采用拼单方式吸引更多消费者参与，持续扩大信息传播范围，促使商家在原有基础上持续提高商品性价比。

随着 AI 在电商领域的应用，平台的资源分配将逐步得到优化，能够顾及更多因素，可以为商家运营提供足够的流量支撑，并帮助商家解决供应链问题；只有向消费者推荐符合其需求的商品，才能帮助他们节省时间与精力，而要提高运营效率，就要做到精准推荐，如此一来，才能在加速自身运营的同时提升消费者的整体购物体验。

借助 AI 技术优化平台运营管理体系

从场景的角度来分析，电商平台更有利于体现 AI 的实际作用与价值，进而提升消费者的体验。很多传统电商平台仅限于将多元化商品展示出来，等待消费者前来光顾。在拼多多搭建的全新消费场景下，平台主动为用户提供符合其需求的商品，这种场景更有利于发挥 AI 的作用。

传统模式下，电商平台聚焦于关键词的选择，在分析用户上网记录、注册信息的基础上对其相关特征进行把握，据此实施商品推荐。相比之下，拼多多突破了这种思维，旨在通过推荐方式对消费者的潜在需求进行挖掘，在这种模式下，拼多多采用了不同于其他电商平台的新技术。

很多商家会根据消费者的购物行为进行商品推荐，但在这个环节需要注意的是，用户的消费行为分为两种：一种是正向行为（正面口碑、重购意向），另一种是负向行为（负面口碑、转换意向）。依据负向行为进行商品推荐虽然能够增加平台的利润所得，但从长远发展角度来分析，这种运营方式无法给消费者提供价值，难以提升平台发展的持续性，因此在设计算法时，应该对用户的正向消费行为和负向消费行为进行有效区分。

在这个环节，拼多多在分析用户社交分享行为的基础上，选用合适的算法模型，对于分析结果中存在的负面因素进行识别，然后运用算法对这些不良因素进行控制。在这个过程中，平台需要将多种多样的现实状况进行收集与分析，这个工作需要投入大量时间与精力，但对平台而言却非常重要。

平台应该尽量选用正向的算法。在其整体运营过程中，用户的点击行为及浏览行为会产生大量数据，负面数据在总体中所占比重较低，但如果缺乏负面数据，平台最终的算法结果就是不完整的，且可能存在较大的误差。选定模型后，鉴于负面数据比较有限，平台在分析过程中应该综合考虑总体趋势及其中掺杂的随机性，并为此投入足够的资源支持。

现如今，越来越多的行业在运用 AI 的过程中强调要遵循正确的价值观。专业的 AI 研究者或分析人士在具备建模能力、算法应用能力的同时，还应该注重对人性的认知，了解当下的社会环境及其发展趋势。

如果听任机器的自驱动，就可能偏离正确的价值观，导致平台围绕人性缺陷开展商品运营。拼多多的核心团队拥有丰富的电商运营经验，早在选用平台模型时就对这个问题进行了分析，并在后期发展过程中不断提高自身的 AI 应用能力，解决在实践过程中遇到的问题。

基于分布式 AI 模型的社交电商运营

电商平台应该围绕消费者需求开展运营，为消费者打造熟悉的场景，并使其获得优质的消费体验。在电商行业的发展过程中，消费者的行为习惯逐渐发生了变化，初期体现为搜索式购物，后转换成效率型购物，如今则以逛街式购物为主。随着发展，AI 算法在电商领域的应用价值表现得越来越突出。

拼多多采用了不同于其他电商平台的商业模式，这决定了该平台的算法模型也不同于其他电商平台。具体而言，拼多多开创了独有的分布式 AI 模型。拼多多运用社交思维开展运营，并在这个过程中添加了娱乐元素，用户发起拼单后，邀请好友共同参与，达到规定人数后就能以更低的价格获取该商品；与此同时，拼多多还能获取用户的相关数据，利用算法模型实施商品推荐。

传统电商平台基于大数据应用与人工智能技术，在分析消费者购物行为的基础上了解其需求信息，从而把握用户群体的特征。这种方式的确能够对接消费者的需求，但从另一个角度来说，也会导致平台推荐的商品类型过于依赖消费者的偏好，无法满足消费者的多元化需求。

举例来说，某消费者曾在深夜产生饥饿感，便于当天选购了一些食品。这种需求只是即时性的，另外立足于长远角度来分析，深夜吃东西不利于消费者的身体健康。由此可见，只根据消费者的浏览行为来总结其消费习惯并不准确，还应该对消费者与好友之间的沟通互动行为进行分析，使最终的分析结果更加全面、准确、有效。在设计相关算法时，应该注重对优化目标的设置，在这个环节，除了要了解用户的点击、购物行为之外，还要关注消费者浏览商品过程中的心理状态及其反应，如消费者是否将商品信息分享给了好友。

人脑处理信息的过程是非常复杂的，因此，除了依靠社交平台的流量基础外，电商平台有必要利用 AI 来探索人们的思维逻辑及心理需求。平台应该采用合适的算法，对这些因素进行高效、准确、智能化的分析。运用分布式 AI 模型，平台能够有效提高用户在模型优化过程中的参与度，当然，要想调动用户参与的积极性，平台还要推出相应的激励机制。

电商平台的运营者需要明白，从宏观角度来分析，消费者对购物本身存在长期性的需求，平台无须担心用户不消费，但要集中精力发挥优势技术的力量，不断满足消费者的购物需求并持续提升其购物体验。为此，平台需掌握消费者的习惯，据此进行场景打造，并在特定场景中推出质优价廉的产品和服务。

3.3　小程序运营：
基于小程序的引流转化

拼多多小程序裂变的产品运营之道

在2018年2月易观发布的小程序排行榜中，除“跳一跳”小游戏外，拼多多高居榜首，用户指数为602.2，比1月增长8%。拼多多小程序上线半年访问量就达到了亿级，移动端用户也实现了阶梯式增长，那么拼多多是如何在这么短的时间内快速裂变，让用户规模实现快速增长的呢?

在探究这个问题之前，我们首先要明确拼多多的定位。拼多多的定位是移动社交电商平台，运营模式是“电商+社交”。在国内电商领域，淘宝为社交电商运营提供了有益指导，因为淘宝不仅有自己的流量渠道，还通过微博平台导流。

随着微信用户越来越多，人们对微信的依赖越来越大，电商企业开始思考如何利用微信开展营销，在这方面，小程序打造的支付服务闭环提供了有益思路。拼多多率先抢占了小程序红利，面对京东的九宫格攻势，拼多多将全部资源、精力投向了社交领域。

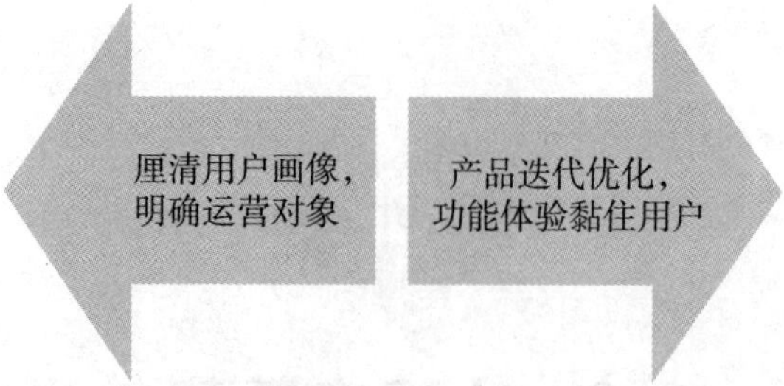

图 3-3　拼多多小程序裂变的产品运营之道

◎ **厘清用户画像，明确运营对象**

初期，在拼多多的用户中，三四线城市的女性用户占比较大，受这些用户消费偏好的影响，平台开始大规模地经营低价的同质化商品。作为拼多多的核心用户，这些来自三四线城市的女性用户愿意付出时间发起或者参与低价拼团，而砍价模式又满足了她们的社交需求，搭建了一个个拼团专属社交圈，形成了拼多多社群营销的基础。

随着用户基数越来越大，拼多多的用户运营逐渐从女性用户拓展到了全网用户。根据易观千帆提供的数据：从 2017 年 1 月到 2018 年 1 月，女性用户在拼多多用户中的占比从 68% 下降到了 53.4%。随着用户数量不断增长，平台经营的商品种类越来越多，用户在性别、地域上的分布逐渐趋于平衡。

微信是拼多多最主要的流量来源。拼多多采取低价团购模式，让用户主动发起拼团，主动将拼团信息通过微信群、朋友圈分享出去，吸引更多微信用户前来拼团，从而获取流量。比如，拼多多某款拼团商品 9.9 元包邮，为了能以这个价格买到商品，用户会主动将这条信息扩散出去，将想要购买这款商品的用户吸引过来，为平台带来更多流量。

◎ 产品迭代优化，功能体验黏住用户

拼多多 APP 两年多时间迭代 100 多次，平均每 8 天就会更新一个版本。虽说拼多多是游戏平台孵化的一款 APP，拥有很多技术人员，但如此快的产品更新也是技术团队不舍昼夜、高速运转的结果。

安卓版拼多多 APP 从功能体验、频道设置、页面优化、营销推广、专题活动运营等多个层面出发对产品进行优化。在功能方面，拼多多在客服之外增加了语音录制功能；在内容运营方面，拼多多增加了几个引流爆款商品专区，比如海淘、一元购、特卖等；在活动运营方面，拼多多紧抓所有的节日开展营销活动，比如 618、双 11、双 12、春节等；在营销推广方面，拼多多大力赞助热门节目，比如中国好声音、极限挑战等，提升品牌曝光度。除此之外，拼多多扎根微信、小程序，通过社交裂变，实现大规模爆发。

基于微信小程序的精细化运营技巧

基于微信生态，电商在微信中的运作形成了一个完整的生态圈，将小程序、公众号、朋友圈、微信群涵盖在内，拼多多就是在这些基础设施的基础上形成的升级版的社交电商。

2017 年，社交电商一度引爆互联网行业，在“公众号 + 小程序”的组合模式下，内容电商有了实现的可能。小程序运营成本比较低、复购率与转化率比较高，获得了内容电商领域从业者的广泛关注，逐渐让用户养成了通过阅读购买产品或者通过用户推荐购买产品的消费习惯。小程序给电商带来的最基础的功能就是入口和支付，当然除此之外还有一些其他能力，比如不限量的小程序码、强大的数据分析能力、更精准的用户画像等。

拼多多在 2017 年 5 月上线小程序，仅用 5 个多月的时间就让用

户访问量达到了亿级，拼多多的这一成绩主要是利用微信公众号、小程序卡片、服务消息开展多样化运营、精细化运营换来的。

拼多多利用“微信+小程序”模式，结合自己掌握的用户偏好，让用户享受到了极致的电商交易服务体验。拼多多基于小程序的快速裂变主要体现在精细化运营方面，这个精细化运营有两个内容：一是分享传播，二是拼团砍价。

拼多多利用微信公众号、微信广告将流量引向小程序，原有顾客借微信消息与搜索入口进入小程序，优化后的商品卡片借社交平台实现扩散传播。具体来看，拼多多有三个运营细节：

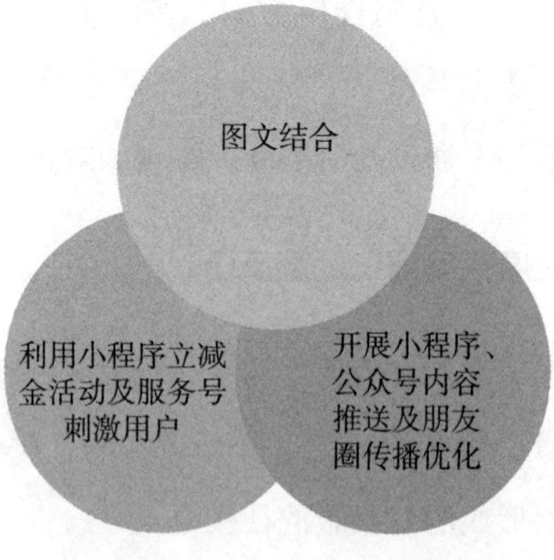

图3-4　拼多多的三个运营细节

(1) 因为图文结合能带给用户更直观的体验，所以相较于公众号文章转发来说，小程序分享卡片的传播效果更好，通过不断调整将图文内容阅读率提升了50%。

(2) 针对小程序留存难问题，拼多多对小程序、公众号内容推送、朋友圈传播进行了优化，将用户留存提升了30%。

(3) 拼多多利用小程序的立减金功能让用户分享现金券，利用小程序的服务号提醒唤醒沉睡用户。

除此之外，拼多多在 APP 设置的“天天领红包”“现金签到”等活动也保证了平台的活跃度，利用“助力享免单”“好友红包”“邻里拼团”等活动获取新用户之后，通过互动体验及特卖、秒杀等内容运营活动实现了用户沉淀与留存。

拼多多小程序分享的设计操作细节

本节对拼多多小程序“砍价免费拿”的运作过程进行分析。时至今日，其产品流程已逐渐趋于成熟，其中潜藏着许多有关产品设计的小技巧。

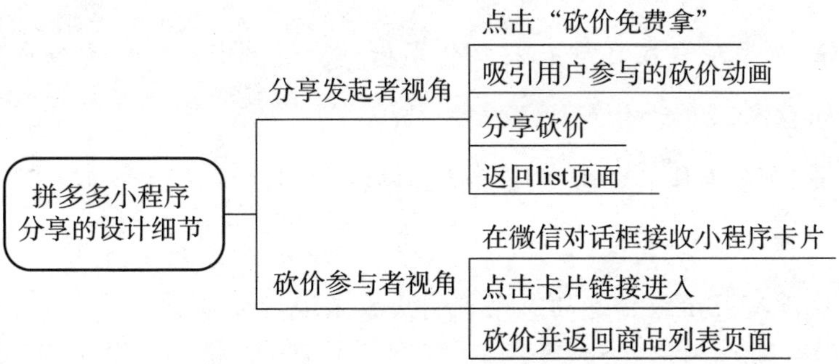

图 3－5　拼多多小程序分享的设计细节

◎ 分享发起者视角

（1）打开拼多多小程序，点击“砍价免费拿”；

（2）用户会看到生动的砍价动画，这种方式十分具有吸引力。

★ 多数平台需要在分享之后才可参与砍价，而拼多多用户打开商品详情页就能参与，这种方式能够有效提升用户体验。

★ 用户第一次参与，砍价金额十分可观，能够调动用户继续参与的积极性，而不会因金额太小直接放弃。除此之外，拼多多的免费领红包活动也采用了这个技巧。最终能够达到目的的用户并不多，但在这种模式下，还是有很多用户会发起分享。

（3）分享砍价

★ 在这个环节，用户在首次砍价之后，可以再次进行砍价，操作完成后，其文案信息为“你已经多砍了××”，其中的“多”字足以带给用户惊喜，而且，此次砍价的额度同样比较可观。

★ 上述操作结束后，拼多多文案以“好友”代替了原本的“群”。尽管如此，用户是无法在群和好友之间做出选择的，无论是哪种分享方式，都会直接通过微信对话界面来进行。

（4）返回list页面

★ 如果用户在之前未采取分享操作，退到list页面时会重复收到提示信息。

★ 分享操作完成后，提示信息转换为“继续砍价”而不再是最初的“砍价0元得”，这个信息向用户表明，用户已经完成了分享，而其他没有显示该信息的，则说明用户未进行分享。

◎ 砍价参与者视角

（1）用户在微信对话框中接收到小程序卡片。

★ 与很多同类平台相比，拼多多更注重对小程序卡片的设计，以提高对用户的吸引力。很多平台运营方只是用当前页面结合活动页的图片，并未考虑在小程序卡片上的显示效果。与之不同的是，拼多多充分发挥了图片的导流作用。

★ 小程序卡片并未采用统一的标题，其中的变化逻辑尚未可知，但可以肯定的是，拼多多小程序的卡片在持续进行更新。

（2）砍价用户通过小卡片进入链接，会接收到以动画形式展现的内容，并吸引其实施下一步操作。

★ 砍价用户能够直接完成操作，收到“谢谢你帮我砍价”的提示信息，流程简洁高效。界面以弹窗形式出现“邀请你一起砍价”，鼓励用户在砍价后参与分享。

★ 用户点击关闭弹窗后能够再次砍价，这种方式能够带给用户惊喜，进一步提升他们的体验。

★ 用户参与砍价之后，当前商品的展示面积能够被缩小，为其他商品留出更多的展示空间，避免空间资源的无效占用。

★ 为了吸引新用户，拼多多规定每个用户最多帮砍3次。

（3）砍价操作后返回到商品列表页面。

★ 拼多多的用户参与流程表面上看十分普通，其实在许多环节都运用了技巧。一般来说，用户执行右滑操作后就结束了小程序的运行。在这方面，拼多多用户通过小程序卡片点击进入后，会看到商品列表页，并快速进入活动商品页。如此一来，当用户执行右滑操作时，会返回到商品列表页，而不会直接退出小程序。这种精益求精的流程设计方法值得其他平台学习。

3.4 品质升级：建立全流程品控管理体系

打通全产业链，缩短链路压低成本

随着阿里推出“特价版淘宝”APP、京东推出拼购业务，拼多多开始面临来自两大巨头的挑战，在应对竞争的过程中，拼多多要打造自身的优势壁垒才能获得持续性的发展。针对这种情况，拼多多避开了与实力型电商平台之间的正面交锋，积极拓展供应链前端，精简流通环节，采取批量化运作模式来控制总体成本。很多消费者形成了“低价意味着劣质”的固有观念，拼多多则主打低价商品，并在发展过程中逐步完善自身的供应链体系，旨在转变用户的固有观念。

◎ 渗透产业链上游

面对激烈的市场竞争，很多拥有多年发展经验的综合类电商、垂直类电商依靠自己积累的品牌优势、物流仓储资源、数据资源等等占据优势地位，相比之下，拼多多作为后来者，在这些方面则处于劣势地位。

为了应对激烈的市场竞争，拼多多将自身运营延伸至商品原产地，通过进行品牌打造来体现竞争优势。例如，拼多多在开展农产品经营的过程中发现，平台上的许多农产品没有独立品牌，市场影响力也比较有限，为了解决这个问题，拼多多为这些产品提供营销资源支持。再比如，“植护”纸巾在拼多多的支持下，发展成为新兴品牌，“可心柔”纸巾也独立于代工厂拥有了独立的品牌。由此可见，拼多多正是通过向原产地延伸、打通生产企业、建立独有品牌的方式，从激烈的市场竞争中脱颖而出的。

◎ 缩短链路压低成本

拼多多采用社交思维，并突出商品的低价特色，对于这种发展模式，业内人士褒贬不一。争议最大的一点体现在质量问题上，由于拼多多平台上的商品价格比较低廉，使很多消费者对其产品质量存在疑虑。拼多多正努力通过自身的运营，改变消费者的刻板印象，为消费者提供质优价廉的商品。

在拼多多，价格低并不意味着商品质量就低。拼多多主要通过精简商品的销售环节，避免商品在中间过程不断被加价的方式，来控制最终的商品价格。换句话说，拼多多能够在生产端与消费终端之间搭建桥梁，跨越层层中间商，实现两者之间的直接交易。

三四线城市的消费者在拼多多的用户群体中占据主导地位。大部分生活用品从产地到达终端市场的过程中，包含许多中间环节。以农产品为例，产品从农户到消费者的过程中，要经历商贩、批发商、菜市场或超市等诸多环节，在这个过程中所产生的物流、运输、人力成本等都会体现在价格上，各级代理商会逐层提价，最终由终端消费者埋单。拼多多为生产者与消费者之间的对接提供了平台支持，能够跨越许多中间环节，从而控制最终的产品售价，在这种方式下，产品质量并不会受到影响。

◎ **识别平台受众**

虽然拼多多在参与市场竞争的过程中探索出了适合自己的发展道路，但与综合型电商平台相比，它的口碑、物流体系等仍有待发展。在这种情况下，拼多多要想积累更多用户，就要对平台的用户群体进行准确定位。

在消费升级时代，非一二线城市的消费者也拥有巨大的开发潜力。比如，在很多乡镇地区，老百姓还习惯于到集市上选购自身所需的商品，每到赶集时会有大批商贩集中于此，说明这种传统经营方式仍然有利可图。在社交电商模式下，商品信息传播有熟人关系背书，更容易被消费者接受并刺激其消费需求，最终实现转化。拼多多的用户群体的消费能力比较有限，更加倾向于选择高性价比的商品。

拼多多围绕大众消费需求开展商品运营，主要经营人们日常生活所需的各类商品，短期内不会经营奢侈品。拼多多不断向产业带延伸，利用规模化效应对用户的商业价值进行挖掘，帮助商户降低运营成本消耗，通过平台向消费者推出质优价廉的商品。

推动品牌升级，打击假冒伪劣商品

之前，团购模式被投诉最多的就是“价格低、质量差”。现如今，借助团购模式崛起的拼多多也没有很好地解决这一问题，平台存在很多销售假冒伪劣商品的卖家，因商品质量问题收到大量投诉。这些卖家的存在给拼多多带来极其恶劣的影响，如不彻底解决这一问题，拼多多很难实现可持续发展。

为扭转这种局面，拼多多开始想方设法证明“便宜也有好货”，平台运营目标不是经营假冒伪劣商品，而是在更大范围内实现消费升级。在此之前，拼多多的当务之急是先升级自己，减少甚至消除假冒伪劣商品，提升商品质量，成长为新的造物工厂。

拼多多在打击销售假冒伪劣商品的商家方面采用了两种方法：

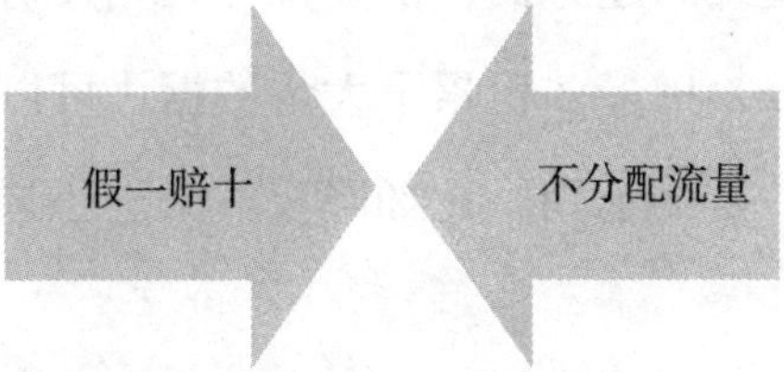

图 3－6 拼多多严厉打击假冒伪劣商品

◎ 假一赔十

拼多多让员工匿名购买商品，送交检验部门检验，一旦发现商品存在质量问题，会直接冻结商家的保证金和交易额，并处以比涉案商品历史销售总额高十倍的罚款。中国裁判文书网显示：近两年，因用“假一赔十”方案处罚中小商家，拼多多收到十多起投诉，但都被法院驳回。

这些卖家销售的商品主要是假苹果充电器、假香水、假电池等，冻结店铺交易金额给他们带来了极大的打击。另外，拼多多将处罚卖家获得的钱款用来赔付消费者，在一定程度上挽回了拼多多在消费者心目中的形象。

◎ 不分配流量

对于那些销售假冒伪劣商品的卖家，拼多多一旦发现就不会再分配流量，这些商家也很难通过在站外发布广告获取流量。对于那些优质的商家，拼多多会免费提供流量支持，帮助他们获取更多用户和订单。

拼多多通过交易资金和流量控制了平台上的商家，通过高额罚款与流量倾斜将销售假冒伪劣的商家逐渐淘汰。甚至为了维护平台秩序，帮助优质商家快速成长，拼多多还主动为这些商家提供流量，哪怕自己会因此持续亏损。

在解决商品质量问题方面，拼多多一开始没有数据积累，无法有效管控；现如今，拼多多积累了大量数据，可以对销售假冒伪劣商品的商家给予一定的惩罚，比如降权、关进小黑屋、放入黑名单或者灰名单等。

过去十年，淘宝、天猫等平台的治理逻辑是优胜劣汰，优质的店铺留下，差的店铺淘汰。拼多多因为发展速度太快，没时间按照这个逻辑管理店铺，只能粗暴地让优质店铺升级，将不好的店铺淘汰。

为了摆脱“假冒伪劣商品集散地”的标签，拼多多开始倡导“消费升级”。在互联网电商领域，提及消费升级，人们率先想到的就是网易考拉、每日优鲜等平台，这些平台的用户多为消费能力较强的白领阶层，平台满足了这部分消费者对美好生活的需求。

拼多多与这些平台相比有一些显著区别。拼多多的消费升级追求的是低价、优质，满足其核心用户群体希望买到高性价比商品的需求。所以，拼多多的消费升级面向的是大多数消费群体，商品经营原则是“够用就好”，以降低产品规格，提升产品质量。

减少中间环节，实现工厂深度定制

在淘汰了销售假冒伪劣商品的小卖家之后，拼多多开始与工厂建立直接合作关系，减少供应链的中间环节，让商品直接与消费者对接，再利用爆款模式提升商品生产的速度与效率。在这方面，可心柔是其中的典型代表。

可心柔是一个老牌的纸巾代工厂，常年承担欧尚、大润发等零售企业的纸巾生产任务。

在拼多多平台，规格180mm×122mm的可心柔抽纸，28包售价29.9元，平均每包1.067元。而在天猫旗舰店，规格185mm×143mm的可心柔抽纸，16包抢购价98.9元，平均每包6.182元。虽然拼多多平台上的纸巾规格较小，但折扣力度很大，依然能吸引很多消费者购买。

可心柔之所以专门为拼多多生产小规格的纸巾，就是因为他们发现拼多多的用户非常看重商品的性价比，认为大规格的纸巾用起来浪费，所以可心柔专门为这部分用户生产了规格为180mm×122mm的竹浆本色抽纸。并且为了降低运输成本，可心柔将生产线迁到了原料供应地，使纸巾的生产成本大幅下降，并创建全自动化生产线，降低人工成本。

目前，可心柔在拼多多只能获取微薄的利润。一包纸巾物流成本0.125元，生产成本0.91元，净利润3.2分，一件28包售价29.9元的纸巾，利润不足0.9元。这表示，如果商品销量达不到一定规模，可心柔就几乎没有任何调整空间。据统计，可心柔“竹浆纸巾”在拼多多平台上线2年成交165万笔，成交量要比天猫旗舰店的成交量高很多。可心柔采用的就是“少品类、短爆发、高单量”的运营策略。事实上，像可心柔这样专注生产2~3款核心产品，工厂无须对生产线进行频繁调整，可以使产品生产效率大幅提升。因为一般情况下，更换一种产品规格就要调整一次生产线，至少要停产半天。

未来，这些工厂或将发展为“拼工厂”，只为拼多多平台供货。目前，“拼工厂”涉及的领域正在不断扩大，从生活用品到服装、鞋子、包包等，拼多多将与更多工厂合作，发展更多“拼工厂”。

拼多多模式的特点就是“短爆发、高销量”。传统电商平台上的商品获取、商品交易都非常被动，商家要想提升自己的曝光度、获取更多流量必须购买广告位、关键词，进行流量变现。而在拼多多平台，用户为了获取低价会主动发起拼团，通过朋友圈、微信群将商品分享出去，吸引更多用户购买，整个转化成交过程的成本几乎为零，极易产生爆款。比如前文所说的可心柔纸巾，在拼多多平台上线 2 年成交 165 万笔，早已成为一款爆款产品。

除纸巾等日用品外，拼多多还与其他领域的工厂建立了合作关系，比如拼多多与“赛鹏”（一个男鞋品牌）合作，1 年时间为赛鹏带来接近 1 亿元的销售额，是其线上销售额的 88%。随着交易量暴涨，为了提升生产效率，降低生产成本，赛鹏引入注塑工艺，将每双鞋的生产成本降低了 30 元。

拼多多致力于将自己打造成一个最适合工厂型商家发展的平台，一旦工厂适应了拼多多这种模式，就会变成拼多多的专属供货商。到时候，拼多多就拥有了很多“定制工厂”，拼多的一举一动都会对这些工厂的命运产生重要影响。

在产业转型升级的背景下，出口企业的海外订单不断减少，为了生存、发展，这些企业逐渐转向了内销，需要销售渠道打开国内市场，而且倾向于薄利多销，因为这种模式可让生产线持续运转。处于红利期的拼多多恰好满足了这些企业的转型需求。

这些商家的利润来源于薄利多销，打造爆款。但随着入驻拼多多平台的商家不断增多，平台上的同质化产品越来越多，消费者的注意力越来越分散，爆款产品打造难度越来越大。再加上商品价格低、利润空间小，商家盈利会越来越困难。接下来，拼多多要着力解决这个问题，升级自己已掌握的工厂资源，进而带动消费升级。

第 4 章

拼团攻略：

大连接时代的社交电商新路径

4.1 社交拼团：

拼多多开启电商团购新模式

拼团模式：实现社交与电商的融合

在拼多多之前，电商领域就存在拼团模式，但这个模式却是伴随着拼多多的发展进入大众视野的。

在拼多多平台展示的商品标示了两种价格：拼团价格与单独购买价格，前者明显低于后者。用户可发起拼团活动，将信息分享给好友，邀请他们加入拼团活动，并带动其他用户参与，如果能够在平台要求的时间内凑齐人数，就能以拼团价格买到商品，否则活动无效，用户之前支付的款项也会被退回。

概括来说，就是让用户通过分享来获益。不同于微信将京东购物页面内嵌到平台第三方服务中，也不同于支付宝在社交领域的试水，拼多多的拼团模式形成了新的社交电商思维。

在拼多多之前，也有平台试水电商与社交结合发展的模式，但充其量是在社交平台上内嵌“商城”功能，或者将社群化元素应用到电商平台。相比之下，拼团模式能够将电商与社交打通，让用户在参与社交活动的同时，完成消费。

◎ 拼团的优势

拼团属于团购方式的一种，那么，这种新兴的团购方式与传统的团购之间有什么不同呢？

以美团、百度糯米为代表的传统团购平台，对参与者的数量没有要求，用户无论是单独参与还是与其他人共同参与，都以同样的价格购买商品，而商品的真实优惠力度也并不透明。也就是说，传统团购模式如同长期的促销活动。相比之下，拼团更能诠释团购的意义：参与拼团的人数达到平台要求时，就能以团购价购买商品，对消费者而言能够降低商品价格，对平台而言能够聚集更多用户。

在参与拼团时，为达到平台要求的人数，用户会主动将商家信息分享给好友，实现广泛的传播，体现出拼团模式的独有价值，传统团购则无法做到这一点。对拼团模式的实践，能够将社交电商与拼团让利融为一体，并促进品牌的营销推广，从多方面推动平台的发展。

很多经营淘宝店的商家入驻了拼多多平台，这类商家拥有稳定的商品供应体系，产品定价相对较低。用户可在购买界面选择发起或参与拼团，通过社交分享行为以拼团价购买商品，促进平台的推广。所以，在实践拼团模式的过程中要做到如下两点：以低价吸引用户参与；为用户的社交分享行为提供平台支持。为了实现这两点，拼多多在费用方面未设置高门槛，方便上游商家入驻，并鼓励用户在微信进行分享。

◎ 拼团的劣势

在具备突出优势的同时，拼多多也存在不足之处：

（1）拼团模式本身存在局限性，从长远来看无法与淘宝、京东匹敌。要想迅速、持续地扩大电商平台的用户基础，就要培养用户的消费习惯，但客观来说，要让用户习惯以拼团方式购物是比较困难的，因为这种方式的操作成本较高。

（2）社交与电商结合发展的模式比较适用于需求量较大、价格较低的商品，比如水果、日常用品等。这是由于这类商品更容易激发用户的消费需求，但除此之外，其他商品并不适合采用拼团模式。

（3）发展到一定阶段后可能出现如下情况：用户发起拼团但身边好友无人参与。立足于社交层面来分析，用户长时间不参与拼团活动，不仅会导致自己拼团时无人配合，还可能会对其社交关系的维护产生不利影响。

社交拼团：基于社交分享的新模式

目前，拼多多的拼团模式沿用的仍是十年前低价团购电商的思路，要知道，这种团购模式已经历了一轮覆灭。美国的团购电商覆灭之后，亚马逊一家独大；国内的美团全面退出电商市场，借 O2O 模式下沉，成功存活了下来。

低价团购模式为什么可以再次兴起，并支撑拼多多取得如此大的成就呢？在拼多多崛起、发展的过程中，微信起到了什么样的作用呢？

首先，微信为拼多多提供了规模庞大的用户基数，很多用户甚至没有淘宝购物经验。微信官方数据显示，2018 年 3 月，微信月活用户超过 10 亿，覆盖了全国大部分人口。

其次，微信为拼多多提供了一套完整的支付系统。2010 年团购模式的崛起有支付宝作支撑，解决了支付问题。现如今，微信利用红包战略获取了大部分用户，不仅让他们开通了微信支付，还引导一大部分用户绑定了银行卡。

早期团购模式兴起的背景是：支付宝搭建了一个完整的电商及支付系统的生态体系，用户有了低价购买商品的需求，大量团购网站应运而生。但因为壁垒太低，大量资本涌入，导致“百团大战”局面出现，最终这些团购网站纷纷覆灭。

对于众多电商平台来说，一边是疯狂增长，一边是大量投诉，而拼多多的投诉率高居行业第一。面对这种情况，拼多多的解释是：相较于从渠道端控制产品质量来说，从工厂端控制产品质量更容易。为了更好地控制产品质量，拼多多开始与工厂合作，消除中间环节，让商品直接从工厂流转到消费者手中，同时打造爆款，加快工厂生产资料到商品的流转速度。

拼多多的这一逻辑与淘宝最初的运营逻辑非常相似，区别在于，淘宝是让商家适应平台，以实现商家留存，最终催生大量“淘品牌”；拼多多是让商家适应自己的爆款模式，以实现商家留存，最终催生“拼工厂”。不过，拼多多只能产生“拼工厂”，无法产生“拼品牌”，原因在于拼多多只支持商品搜索，不支持店铺搜索。拼多多认为自己的这种模式是在强化商品属性，实际上，这种产品设计在很大程度上降低了商家在产业链中的影响力，提升了拼多多对产业链的掌控力。

第三方数据显示，拼多多的核心用户主要来自三四线城市，但拼多多自己强调，它的用户男女比例平衡，在一二三线城市的分布也非常平衡。在推动拼多多崛起的众多因素中，这种错位感是核心因素。拼多多以“拼团＋低价”的方式吸引对价格比较敏感的用户参团，刺激这些用户利用自己的朋友圈传播拼团信息，从而吸引更多用户。其实这种“团购”模式早已出现，但之前团购模式在发展过程中发生了偏离，不仅没有获取价格敏感型用户，反而受到了注重产品质量的用户的差评。

随着移动互联网用户下沉，三线以上城市的移动互联网用户越来越多，“团购”模式重新焕发生机，拼多多将这种模式和新出现的移动互联网技术、大数据紧密结合，在阿里巴巴、京东控制的电商市场上成功崛起，并实现了迅猛发展。

之所以说拼多多与团购有紧密联系还有一个重要原因：团购从 QQ 群获取核心用户，通过社交分享“拼团”；拼多多从微信群获取核心用户，通过社交分享“拼团”。在社交电商还未引起阿里巴巴、京东等电商巨头注意的情况下，拼多多改变了传统的商品曝光模式，将通过搜索、广告曝光商品转变为通过社交分享曝光。

更重要的是，除买家外，淘宝、天猫平台上的卖家也因为不愿投放广告、无法获取客户、难以独立生存而离开淘宝平台，转向拼多多。

电商裂变：“团购 + 低价”运营策略

拼多多的拼团方式是如何产生的呢？这要追溯到拼好货的早期发展阶段。运营方从批发商那里规模化引进的商品，在完成订单需求之后，还留有部分生鲜产品需要处理。为此，拼好货推出拼团模式，向所有用户开放，只要在时间、人数上满足平台设置的门槛，就能以较低的价格买到产品，拼团失败则给消费者退款。在这种模式下，参与的人数越多，商品价格越便宜。

那么，为什么将拼团人数设置成 9 个人呢？拼好货对用户能够接受的范围进行了分析，找到了最大值 9，同时也考虑到 9 人团能够促进品牌的推广宣传，有利于迅速提高品牌的知名度与影响力。相较于成交量，此时的拼好货更注重发展速度，只有迅速出击，才有可能在激烈的市场竞争中取胜。现阶段下，拼多多已经对拼团人数进行了调整，两人也可以成功拼团，其平均交易金额约为40元。

首先，拼多多先以低廉的价格吸引用户，比如牛仔裤19.9元，羽绒服45元，床上用品三件套39.9元等，然后用拼团降价的方式刺激用户发起拼团，吸引更多用户参与团购，进而提升产品销量。

据极光大数据统计，在拼多多的用户中，女性用户占比70%，三四五线城市的用户占比65%，一线城市用户仅占7.56%。也就是说，拼多多的用户主要是来自三线以上城市的低收入群体，这部分用户对产品价格非常敏感。

低廉的价格切中了这部分用户的核心需求，团购模式让社交媒体优势得以充分发挥，实践证明，这一模式非常成功。拼多多首页推荐的商品，销量能达到几十万件的商品非常多，还有一些商品的销量能达到几百万件。对于传统电商来说，这些数字可望而不可及。

事实上，早在2010年就出现了一批团购电商，2~3年后，几乎所有团购网站都从销售实物产品转向了销售服务，因为低价模式难以维持运营。这里所说的实物电商指的就是销售实物商品的电商；服务电商指的就是销售某种服务打折商品的电商，比如电影折扣券、餐饮折扣券等。

实物电商的团购模式需要大量资金支持，因为商品价格本来就不高，所以平台要拿出很多资金进行补贴。2013年，电商的获客成本越来越高，在新客户获取方面，团购网站无法与淘宝、天猫、京东等电商平台抗衡，而电商行业又非常注重规模。在这种情况下，团购网站逐渐沉寂了下来。

从本质上看，团购就是一种营销手段，而且是一种会同时损害商家、消费者利益的营销手段。因为如果商家采用团购模式无法盈利，就会偷工减料，降低商品质量，使消费者体验受到一定的损害，所以这种商业模式无法长久应用。

但从 2014 年开始，情况发生了改变。2014 年春节期间，微信春节红包的出现让微信成为可与支付宝抗衡的支付类应用，使用微信支付的用户骤增，为相关电商带来了一波流量红利。利用这波流量红利，拼多多紧抓核心消费群体及其需求，让低收入群体与自己平台上价格低廉的商品实现了对接。

拼多多的运营模式与“10 元店”“清仓店铺”的运营模式非常相似：面对积压的库存，批发商会打折、降价、清仓销售。从本质上看，这种方式就是用较低的流量成本销售质量较差、价格较低的尾货，商品毛利较低，但销量很高，平台最终依然能获利，拼多多的团购采用的就是这种模式。

早期，拼好货用自营的方式获取了目标消费群体，围绕这部分消费群体的需求拓展供应链。后来，拼好货通过持续放大这种模式成就了拼多多。简单来说，拼好货、拼多多的这种运营策略就是“先找对的人，再找对的货”。

拼多多团购模式面临的挑战与威胁

当年的团购网站培养了消费者的互联网购物习惯，让消费者从消费降级转向消费升级，这是团购模式对整个互联网行业做出的最大贡献。对于这一点，美团有非常清醒的认知：随着消费不断升级，低价拼团电商将逐渐走向末路，用户会从团购网站转向京东、天猫等电商平台购买优质商品。

消费升级是大势所趋，美团顺应这种趋势专注打造 O2O 服务，以“服务业的亚马逊”为定位，最终在市场上占据了一席之地。从这个方面来讲，拼多多将和美团一样面临以下威胁。

◎ **消费升级的威胁**

从长期来看，低价团购的消费降级只是暂时的，消费升级、购买优质商品才是大势所趋。未来，随着人均可支配收入不断增长，消费必将持续升级。在这种趋势下，假冒伪劣商品就成了拼多多面临的最大威胁。

2016 年电子商务研究中心相关数据显示：在电商行业投诉量排行榜上，拼多多高居榜首，占比 13.12%；

2017 年，南京警方多次对拼多多的劣质商品进行公示；

2018 年 2 月，中国消费者协会对拼多多的售价行为予以公布。

很多人都认为：拼多多面临的这些问题只是暂时的，只要仍有流量，就能做好产业链后端的管理工作，让用户享受到更多价值。但这里需要注意一个问题：这些观点认可了消费升级，认识到消费降级只是暂时的，当前拼多多只是完成了新一轮电商消费教育，必须抓紧时间构建自己的供应链。这就表示，拼多多要和京东、阿里等掌控了优质货源供应链的电商巨头一较高下。

当年的团购模式就是因为低价模式具有不可持续性，而在阿里巴巴、京东的围剿下相继覆灭。现如今，拼多多也面临着这方面的威胁，一定时期过后，拼多多用户很有可能会流向天猫、京东平台。

◎ **京东：微信流量入口的威胁**

同样被腾讯投资的京东对拼多多有直接威胁。在微信平台，腾讯给了京东九宫格、第三栏双重入口待遇，也就是说，相较于拼多多来说，京东能从微信获取更多流量。目前，在微信流量入口的支持下，京东进入了拼团市场，对拼多多产生了直接威胁。所以，相较于阿里巴巴来说，京东对拼多多的威胁更大，因为它不仅可以和拼多多一样在朋友圈、微信群传播，而且产品质量高、品质好，更符合消费升级趋势下用户的购物习惯。

◎ **阿里：趣头条式“撒钱拉人头”的威胁**

淘宝特价版上线目的非常明确，就是围剿拼多多，抢占三四五线城市的低端市场。从表面上看，淘宝特价版不在微信生态中，不会威胁到拼多多，事实并非如此。

拼多多用户的核心需求不是团购，而是买到高性价比的商品。认识到这一点之后，淘宝特价版推出“拉人头可补贴”的方案直击用户的这一核心需求，用户无须拼团就能买到低价商品。长此以往，部分拼多多用户必将流向淘宝特价版，淘宝将成功抢占拼多多的部分市场。

与此同时，需要注意的是，在信息流领域，趣头条成功融资 2 亿美元，月活达到 3000 万，已有今日头条 1/4 的体量。趣头条正是在“撒钱拉人头”模式的支持下崛起的，面对很有可能对自己造成威胁的拼多多，为了遏制其发展势头，阿里巴巴自然会不惜一切代价将拼多多的用户吸引到自己的平台。对于拼多多来说，这是极大的威胁。

◎ **微信的政策钳制，以及对京东的优先扶持**

在拼多多崛起、发展的过程中，微信起到了极其重要的作用，所以，拼多多对微信平台有很强的依赖。虽然拼多多获得了腾讯的投资支持，但微信也对拼多多做出了较多限制，多次屏蔽其链接，拼多多必须认识到这一点。

微信对拼多多采取这种措施的目的在于构建一个良性的电商生态，在这方面，京东显然是一个比拼多多更好的合作伙伴。如果京东能在拼多多现有的领域布局，腾讯很有可能直接抛弃拼多多，投向京东。正如腾讯同时投资微店与有赞，微店失败，有赞成功之后，腾讯直接放弃微店全面扶持有赞一样。

如果低价团购模式的未来就是覆灭，那么拼多多是否有机会破茧重生，迈进全新的发展阶段呢？

低价团购模式的作用只是培养用户的消费习惯，在短期内吸引大量流量，不利于长期的价值建设。如果拼多多能在这一阶段对消费升级趋势进行深挖，未来很有可能实现进一步发展。在这方面，拼多多要借鉴美团的经验，不仅要加强对供应链的掌控，还要推出自营品牌，创造更长久的价值。

4.2 运营攻略：如何将拼团模式玩到极致

运营玩法：利用拼团实现成交转化

2017 年经过一段时间的线下推广之后，拼多多在短时间内流行开来，开始频繁出现在各种各样的微信群中。该平台实施了怎样的战略才取得了如此显著的成就？其背后的运营思路是否能给同类企业带来有益启示？

有人认为，是社交红利、消费降级成就了迅速发展的拼多多，这种分析不无道理，但过于笼统、不够具体，应该深入到拼多多发展模式背后的运行方式，从本质层面出发进行探讨。

为了从本质层面对拼多多的拼团模式进行分析，需要对该平台的用户场景、具体业务发展方式等进行深度分析。从用户的角度来分析，可通过如下几种方式参与拼多多的互动：

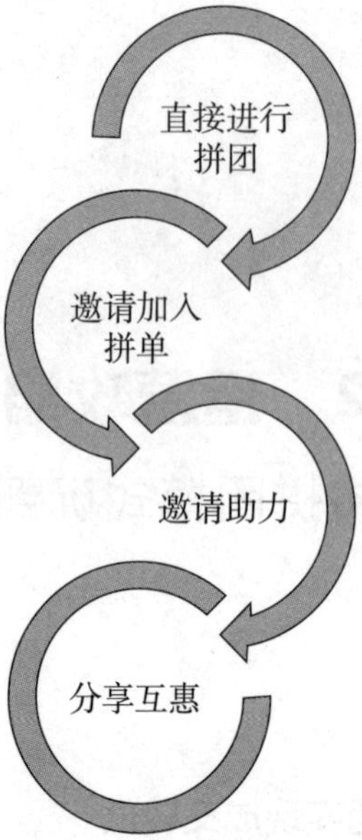

图4-1　拼多多用户参与互动的方式

★直接进行拼团；

★邀请加入拼单；

★邀请助力：包括砍价免费拿、团长免费拿、助力享免单三种方式；

★分享互惠：包括现金签到、分享领红包两种方式。

这些方式对拼多多的价值体现在哪里？对拼团模式而言，最重要的就是分享，分享能够对社交电商平台的发展产生重要影响，能否成功分享，决定着品牌推广的最终效果。

此外，这些参与方式还能发挥广告价值，能够有效提高用户的品牌认知度，吸引用户参与体验，还能促进平台流量的转化，促使用户参与平台的功能使用，进而促成双方之间的交易。

其中，第二种方式能够直接完成转化，给平台带来更多用户。

后两种方式则能够发挥广告价值，吸引更多用户并促进转化。

（1）砍价免费拿：是分享助力模式的代表性实践，用户将自己想买的商品分享给好友，让他们在 APP 或 H5 页面帮忙砍价，助力该用户免费得到商品。相比之下，在 APP 的砍价力度更大。这种方式已经普遍存在于微信群、朋友圈中，能够有效实现品牌推广，扩大其传播范围，吸引更多用户参与并促进转化。

（2）团长免费拿：是平台推出的抽奖团，团长发起拼单活动，邀请好友共同加入，发起人与其中某个团员可以免费获得该商品，这个团员是被随机选中的，可以说是对之前“一元购”模式的升级。该模式未设置较高的社交门槛，且能够为好友提供获奖机会。不仅如此，这种活动形式体现出了娱乐化特征，能够有效调动用户参与的积极性，进而实现转化。

（3）助力享免单：是好友助力模式的代表性实践，用户将 APP 二维码发送给好友，邀请好友安装拼多多应用，然后用微信登录就达到了助力目的，人数满足规定后，用户就能免费获得该商品。此模式要求参与者付出一定的操作成本，社交门槛较高，不过能够有效增加 APP 的用户数量。

（4）现金签到、分享领红包：从根本上来说，这两种形式是分享有奖模式的实践，具体流程包括签到领现金分享、满额提现等。在具体实施过程中，无论是红包还是现金，都能有效吸引用户参与，根据参与方式的不同，可以将分享方式分成两种：一种是用户个人参与，签到分享就能领取红包，平台通过这种方式提高用户黏度；另一种需邀请好友共同参与，即签到团分享。

在这几种模式下，参与者都要付出一定的操作成本才能获取额度并不高的优惠，很多时候还会空手而归，所以这些方式对应的是比较关注价格因素的基础用户。

用户场景：基于用户发起拼团活动

传统电商的用户分类方法并不适用于拼多多，拼多多平台的用户在三四五六线城市都有分布，在这里从用户应用场景与路径角度出发，以用户交互行为为标准，将其划分成以下三种：分享用户、被分享用户、不分享用户。相较之下，这种分类方法更具有价值。

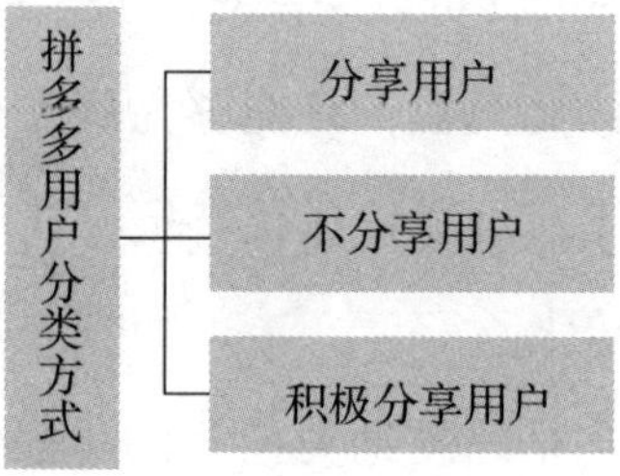

图4-2　拼多多用户分类方式

◎ 分享用户

这类用户为平台老用户，喜欢参与平台的多元化优惠活动。在产生消费需求后，他们会发起拼团活动，邀请好友参与享受活动优惠。相较于商品本身，分享用户更在意活动参与方式，有时会产生冲动消费，能够利用社交货币获得优惠。

◎ 不分享用户

这类用户与“好友助力”模式毫无关系，不会被平台推出的相关分享优惠活动吸引，很少会进行冲动消费，对于那些符合自身需求、质优价廉的商品才会参与拼团。另外，这类用户不喜欢将自己的购物行为与他人分享，所以，平台采用的社交分享模式通常无法对这类用户产生影响，只有少部分符合用户需求、优惠明显的商品能够引起他们的注意。

◎ **被分享用户**

这类用户的行为受到他人的影响，包括新用户与老用户两种，新用户在其他人的带动下可能成为平台用户，老用户在熟悉了参与模式后则会保持较高的活跃度，成为平台的长期用户。

被分享用户参与的方式主要有两种：一种是邀请加入拼团；另一种是参与好友助力活动。在前一种参与模式下，如果商品符合消费者需求，则容易实现用户转化；在后一种模式下，价格上的优惠对用户能够形成较强的吸引。社交分享是这种模式实施的前提，基于熟人关系的分享活动，更容易实现用户转化。

在平台实施拼团模式的过程中，有很多商家反映，新用户不懂操作时，会自己发起拼团，但最终无法下单成功。这与预料中的情况存在较大的差异，一般来说，用户应该直接去参团，而不是发起拼团后长时间等待，除非商品热度较低无法参团，或者用户本身更倾向于通过社交分享，与好友一起消费。

平台期待的用户参与情况是：喜欢社交分享的用户发起拼团，给平台带来更多新用户，促进转化。不喜欢社交分享的用户，则能够参团实现转化。不过，具体实践情况受到商品的市场热度、用户的消费习惯、平台对商品的推荐力度等因素的影响。

由此可见，用户可通过多种方式参与平台活动，在这种拼团逻辑下，平台要想实现对用户价值的深度挖掘，就要对不同因素进行综合分析，以尽可能地促进产品的销售、实现用户的转化。

平台特征：拼多多拼团模式的优势

◎ 社交货币兑换优惠

拼多多初期就是依靠用户分享发展起来的，如今，平台已经坐拥3亿用户，不分享也能够有效促进平台的商品销售。

以往，用户进行分享的目的是邀请拼团，能够与好友共享利益。如今的分享免单方式则有赖于社交货币的支持，而且会消耗用户手中持有的社交货币，社交货币高价值用户通常不会选择这种参与方式。

对目标新用户的挖掘接近上限时，这种基于社交关系、操作成本较高的参与方式对用户的吸引力就会下降，在朋友圈发布过多的分享信息也会使好友产生排斥心理。

在这种情况下，平台应该降低用户操作成本，为参与者提供更多优惠，处理好平台已有用户、拉新用户、参与好友之间的利益关系。除此之外，要根据平台的用户群体特征，在选品时突出其独特优势，实施精细化的运营，推出消费者需求量大的商品，结合优惠活动，促使用户进行商品购买。

◎ 降低决策门槛

（1）平台所有商品都提供包邮服务；

（2）无购物车功能；

（3）平民价格；

（4）参与方式比较有限；

（5）基于社交熟人关系；

（6）利用人们跟随大众的心理。

以上六点能够降低用户的决策成本，也比较容易理解。在决策门槛较低的情况下，用户能够迅速做出抉择，但同时也会产生盲目消费，而拼多多面向的主流用户群体本身就有这个特点。不过，拼多多平台的商品在质量方面不存在太大的问题，因此其低价优势吸引了很多用户。

◎ **强场景感：追求高性价比**

低价定位是拼多多在发展过程中始终强调的一点，因此，用户在拼多多的场景中也已经习惯了去关注产品的性价比。这类用户都希望自己能够买到高性价比的商品，所以，除了商品之外的其他因素，包括产品包装、图片呈现效果、展示形式等对消费者决策的影响比较小。

拼多多主要面向那些追求高性价比的用户群体，这类用户群体的消费能力有高有低，但都比较关注产品的性价比。不可否认的是，尽管消费升级时代已经来临，但仍然有很多消费群体看重商品本身的性价比，无论是分布在经济较发达地区，还是经济欠发达地区的消费者都存在这样的共性。

艾瑞咨询的调研数据显示，生活中存在这样一群人，他们对热衷的事物会投入大量成本，对无关事物则崇尚简约，比如摄影爱好者、电子科技产品爱好者等。当这类用户群体对其他商品产生需求时，关注的则是商品的性价比，拼多多则能够满足他们的需求，在这种情况下，平台要做的就是提高这部分用户的识别度。

未来走向：拼多多模式的未来发展对策

平台处于不同发展阶段时，会对自身的发展目标进行调整，并据此展开行动。在了解了拼多多用户定位、场景特点、优惠方式的基础上，可以对其未来发展走向进行合理的推测，并提出一些科学的建议。

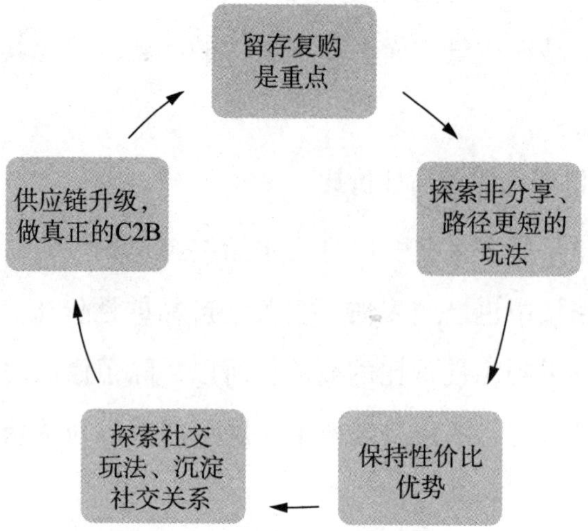

图 4-3　拼多多模式的未来发展对策

◎ 留存复购是重点

当目标市场的开发逐渐达到上限时，就要将重心放到提高用户留存率、复购率上。在这方面，很多平台会建立会员机制，通过发放红包、优惠券、充值卡，举办优惠活动或在社交平台开展运营，或者向用户推送高频消耗品等方式来实现。

平台要依据自身属性做出合理的选择。拼多多的显著优势特征主要体现在商品的高性价比上，因此，比较适合采用高频消耗品推送的方式，还要把握好推送时机。

◎ 探索非分享、路径更短的玩法

要促成用户转化，就要抓住用户贪图便宜的心理，在此基础上可采用多元化的拼团方式。当越来越多的分享功能给人们的社交关系造成损耗时，平台应该发挥创意思维，体现自己的与众不同。

举例来说，某用户发起拼团后，好友既能够参与拼团，也可以使用杠杆红包（比如支付 5 元抵扣 20 元）的方式缩短拼团等待时间，在这个环节，要合理设置红包的抵扣力度。

◎ **保持性价比优势**

如今，价格是拼多多的主导优势，也是该平台要长期坚持的一点，在后期对平台、用户、商家的利益关系进行优化时可适当进行调整。从商家的角度来分析，尽管低价策略压缩了单件商品的利润空间，但能够促进平台商品的大量销售，且能够有效扩大平台的用户基础。与此同时，还能提高产品流通效率，降低商家的库存压力。

拼多多能够确切掌握商家的成本，还会以其他平台的商品价格为参照，判断商家报价的合理性，寻找能够保证平台、商家、消费者利益平衡的价格水平。针对那些注重商品性价比的用户，要采取有效措施降低产品价格。从长期发展角度来看，高性价比将是拼多多的主导竞争优势所在。

◎ **探索社交玩法、沉淀社交关系**

经过一段时间后，分享助力给用户的社交关系造成损耗，沉淀社交关系能够一定程度上解决这个问题，促进用户之间的沟通互动。由于具有商业化属性，这种社交关系的模式不宜过重。

具体实践方式包括：给多次参与助力的好友添加独有标识，为他们提供更多的优惠；组建主题社群，邀请经常参与拼团活动的人加入；给好友推荐的商品添加标识；将存在分享需求的人集中起来；等等。

◎ **供应链升级，做真正的 C2B**

要实践 C2B 模式，就要改革传统的运营模式，做反向定制，即根据消费者的需求进行定制化生产，这种商业模式在今后将得到更为普遍的应用。阿里巴巴旗下的团购网站聚划算初期阶段就采用了 C2B 模式。

现如今，拼多多受限于供应链方面的原因，仍未实现真正的定制化运营，还需要在后续发展过程中克服诸多阻力。实现了 C2B 模式后，平台就能大大提高生产及运营效率，并实现对优势资源的充分利用，进而为消费者提供质优价廉的商品。从某种程度来说，拼团模式就是给用户提供一种参与感，通过节约平台的推广成本让利于每个消费者。由于社交成本低，拼多多用户能够以简便的方式获得优惠，最终觉得自己从这种方式得到了利益，并不会对产品质量提出质疑。

4.3 电商启示录：拼团模式背后的战略逻辑

高性价比：深刻把握用户消费心理

“低价 + 拼团”是拼多多在用户心中的标签，也是拼多多积累海量忠实用户的重要途径。无数实践案例告诉我们，公众对一个事物的认识往往会滞后于其发展速度。2015 年，垂直电商大热，平台模式遇冷，当时的拼多多却从垂直自营向综合平台转型。2016 年，人们普遍认为互联网流量红利消失，低成本快速积累流量几乎是一件不可能的事情，拼多多却快速积累了上亿用户。2017 年，拼多多被奉为社交电商典范时，它却开始尝试摆脱对微信的依赖。

在以 BAT 为首的互联网巨头对各行业企业兼并收购浪潮退去后，互联网行业格局进入相对稳定阶段，而抖音、快手、拼多多等新兴玩家的快速崛起，使现有格局有望被打破。

但这也意味着，拼多多将面临更为强大的竞争对手、更为复杂的产业链条及更短的发展窗口。诱导分享及售假的质疑、用户体验与较快增长速度之间的矛盾、与腾讯及阿里的纠纷等，拼多多在未来的发展之路上，将会遇到各种各样的阻力。

尤其是拼多多和淘宝之间的对抗，更是国内电商从业者关注的焦点，这种涉及商品交易的战争远比今日头条和百度之间的信息流广告竞争更为激烈。双方存在各自的优势与不足，淘宝在品牌知名度、搜索及信息流推荐等方面具有明显优势，而且背靠阿里的淘宝可以简单粗暴地用价格战拖垮竞争对手。拼多多作为一个极具创造力的后来者，其灵活应变能力为其应对各种市场竞争提供了强力支持。

拼团及低价在电商行业早已存在，这并非是拼多多的独创，比如早在 2011 年时，淘宝主打拼团的产品“聚划算”就曾经在国内电商用户中掀起拼团热潮，在当时电商产业发展不成熟、物流等配套产业发展相对滞后的情况下，“聚划算”取得了年度 GMV 100 亿元的骄人战绩。

近几年，拼多多在微信群或朋友圈中的“1 元抽奖”“5 元一斤橙子包邮拼团”等链接使拼团再次掀起热潮，只需要点击支付，甚至不用注册账号，就能参与拼团。

2017 年，微信号称“连接一切”的小程序在国内企业界掀起狂潮，贝贝网、蘑菇街等各路玩家疯狂涌入微信，并在品类、模式等方面和拼多多进行差异化竞争，但都没能达到拼多多的惊人发展速度。

之所以会出现这种情况，一方面在于它们对低价拼团的阶段性作用缺乏深入认识，另一方面对拼多多的产品势能缺乏足够重视，此外，它们也没能预料到拼多多的自我转型与革新能力。

就像 2016 年过后，很难再去创造另一个快手或今日头条一般，想要通过复制拼多多模式实现快速崛起的时间节点已经消失。拼多多快速发展的背后，和互联网第三波人口红利存在密切关联。

互联网第三波人口红利是指我国三四线、五六线城市中的总量高达五六亿之多的潜在互联网用户，移动互联网及智能手机向三四线及五六线城市的渗透激活了这一庞大增量，促使他们加入到互联网大军之中，成为中国主流消费引领者。因为缺乏社交流量支持，淘宝没能在三四线城市中复制其在一二线城市中的强势表现。

此外，作为阿里发展新零售的重要布局，淘宝为了迎合消费升级主流趋势，目前正在积极开展去低端化，低价、低质产品很难得到平台的流量支持。同时，国际市场需求乏力，过剩的出口产能需要通过内部市场消化，拼多多就成为广大国内商家积极尝试的一个重要平台。

进入移动互联网时代后，人们的生活方式发生重大转变，企业和消费者能够真正跨越时间与空间限制实现实时交互，但很多企业仍在沿用传统互联网时代的经营理念，没有充分认识到在全新的环境中，需要为消费者打造定制化的消费场景。而拼多多创业团队意识到微信场景拼团将是一个广阔的发展机遇，这使拼多多能够在短时间内以较低的成本迅速积累海量用户，该时期，拼多多迎来首个迅猛增长期，仅 2016 年 2 月，成交额就达到 1000 万元以上，付费用户超过 2000 万人。但进入 2017 年后，拼团红利期逐渐消失，如果不进行变革很难保持高速增长。

很多人在研究拼多多案例时，往往将其定位为拼团工具，盲目复制其拼团和低价，没有注意到拼多多深刻把握用户需求心理，通过“多实惠、多乐趣”来满足用户的物质与精神需求，这是拼多多再次进入快速增长阶段的重要武器。

在用户看来，拼多多上的低价拼团产品有极高性价比，这和拼多多对性价比的独特定义存在密切关联。拼多多平台上线时，向用户推出的第一款拼团商品是乐事薯片，用户可以用1元秒杀价购买，虽然价格如此之低，但却收到了大量用户投诉，用户普遍抱怨“虽然价格便宜，但送到手中的薯片都已经碎掉，根本不能吃，这是欺诈行为”，经过反思后，拼多多将性价比定义为“让用户觉得占便宜”。

比如，拼多多创始人黄铮母亲在体验拼多多时，以10元成本买到9个芒果，其中有两个坏掉，根本不能吃，虽然母亲向黄铮抱怨一番，但她此后成为拼多多的忠实用户。黄铮向母亲询问缘由时，母亲告诉他，虽然有两个坏掉了，但10元能买到7个好芒果是一件相当不可思议的事情。

在引导用户购买消费方面，拼多多举办抽奖、砍价、分红包等一系列活动，利用用户的冲动、攀比、发泄等心理，促成交易购买，让用户产生一种“看见不买就会吃亏”的感觉，虽然社交媒体中存在很多关于拼多多平台产品质量、售假等方面的质疑声音，但依然有大量忠实用户在平台中积极购买，并邀请亲朋好友参与拼团。

精准连接：降低商品流通效率成本

腾讯发布的2018年Q1财报显示，微信用户规模首次突破10亿人，达10.4亿，这对微信着实是一个令人振奋的消息，然而即便微信用户达到如此恐怖的规模，打破圈层壁也是一件相当困难的事情，成立时间还不到3年的拼多多又是如何做到的呢？

将生活在一二线城市的居民和偏远农村地区的农户生活进行对比，我们很容易产生平行世界的感觉，比如，在被称为“大蒜之乡”的河南中牟县，农村集会这种在很多城市居民看来已经消失的事物在当地依然十分流行，集市上的商贩们销售着各种各样的生活用品，购买者经过多次砍价后，可以用一种城市居民难以想象的超低价格达成交易。

拼多多商家在集市街道另一边设置了发货点，通过和物流公司合作，将新鲜优质的中牟大蒜快速送到用户手中。在同一条街道中，同时存在着互联网订单和传统集市交易形态，和集市上的熙熙攘攘相比，拼多多商家发货点显得井然有序，在专业设备的帮助下，相关人员迅速对大蒜进行打包，并装进配送车中，由于绕过了经销商环节，通常这些大蒜仅需要三天就能被送到消费者手中。

购买这些大蒜的拼多多用户群体中，很多人收入水平和白领相当，只不过他们在日常生活中更加精打细算。集市上的消费者和拼多多用户如同生活在两个平行世界中，前者购买商贩从全国各地淘来的低价劣质商品，而后者却能以较低的价格享受全国各地的优质商品。之所以出现这种情况，很大程度上是因为前者没能触网，难以绕过层层提价的传统经销商体系。

正是因为中国还存在如此多的未能触网的农户，未来的拼多多将会有广阔的发展空间。事实上，河南中牟县街道上的两个平行世界是中国不同消费群体生活方式存在较大差异的缩影，最为典型的就是城市和农村地区民众生活方式的较大差距，农村居民购物消费以小型超市和集市为主，而城市居民则可以享受线上与线下相结合的全渠道购物方式。

但事实上，在人口超过 13 亿的中国，仍有相当数量的对价格较为敏感的消费者，只不过因为消费习惯与基础设施的差异，有些人可以通过互联网以较低的价格买到优质商品，有些人却只能买到劣质商品。想要在短时间内提高人们购买力是相当困难的事情，但我们可以提高商品性价比，让购买力相对较低的人们用较低的价格买到优质商品。

对于拼多多，很多人可能会有疑问，拼单就能使商品具备性价比吗？答案是当然否定的，拼多多让产品具有超高性价比的背后，不是拼单，而是供应链。以拼多多平台中的大蒜品类为例，河南中牟县是拼多多大蒜供应链最上游，而当地种植大蒜的农户借助打破时间与空间限制的互联网和消费者无缝对接，将大蒜从产地直接送到消费者手中，去除了大量中间环节，即便产品价格较低，农户也能保障足够的利润。

但为何在拼多多之前，没有人选择这种模式？社交媒体大规模推广普及后，我们经常看到“某地区农产品烂在地里没人要”的信息，为何会出现这种情况？最大的因素还是在于较高的流通成本，很多商品价格并不高，大部分农户忙碌了一年后，能够获得的收入远不及外出打工者，但流通价格较高，渠道商及代理商的层层加价，使商品价格过高，消费者不愿意为之埋单，没有市场，渠道商及代理商自然不愿意采购，从而导致大量优质农产品被丢弃在田地里做肥料。

而拼多多通过低价、拼单及单品运营策略，保障订单规模，显著降低生产、仓储、物流成本，使商品具备较高的性价比。

不仅是河南中牟县大蒜，新疆库尔勒香梨等全国各地的优质农产品，也借助拼多多平台以较低的成本提供给广大用户。此前，卖家在电商平台卖新疆库尔勒香梨时，往往以单件快递的方式为顾客发货，期间要经过多次装卸，商品质量得不到保障，而且快递成本较高，但在拼多多平台上因为有较高的订单量，卖家可以在交通便利的地区自建或租用仓储中心，用单次运量可达几十吨的大卡车集中运输，然后从仓储中心发往全国各地，有效降低物流成本，并减少商品损坏。

同种商品在拼多多上的价格和传统渠道中的价格存在巨大差距，拼多多上的河南中牟县大蒜 5 斤售价 9.6 元，而且大部分地区包邮，而在北京的大型商超中，普通大蒜的价格就高出该价格 3 倍以上。

确实，表面上看拼多多的低价、拼单并没有什么门槛，后来者可以轻易复制，但拼多多对供应链的改造却是后来者很难做到的，这也是拼多多能够在阿里、京东垄断的国内电商市场中快速崛起的重要因素，未来，拼多多将会在供应链建设方面投入更多的资源，在其公布的 2018 年战略规划中，拼多多将会投入上百亿元，和类似河南中牟县蒜香这种优质商品原产地的农户或厂商进行合作，为平台中的 3 亿用户提供更多品类的优质低价商品。

去中间化：打破传统经销运营体系

层级过多的传统经销商体系是商品传导机制失真的关键因素。生活在三四线城市中的居民对于很多商品的价格要高于一二线城市感到相当困惑，事实上这并不难理解，因为这些商品的生产地是一二线城市，商品要经过一系列的中间环节才能流通到三四线城市。过多的中间环节会导致出现两个方面的问题：

一是层层加价，从厂商到经销商，再到各级代理商，最后到商贩、便利店等各类终端零售业态中，经过层层加价后，商品最终价格可能数倍于出厂价。二是利用信息不对称，出售假冒伪劣商品，类似“娃娃哈”矿泉水、“康帅傅”方便面之类的商品在国内市场中是大量存在的。

综合来看，就是传统经销体系推高了交易成本，使商品难以具备性价比。很多人不禁思考，日渐完善的电商模式没能真正解决这个问题吗？从目前的实际发展情况来看，电商确实没能真正解决这一问题。

最初，传统电商兴起的核心因素是它提供了丰富多元的商品以及方便快捷的购物渠道，如今则是开始转向品质及服务升级，在超过13亿中国人口中，电商满足了约5亿人的消费需求，其余的生活节俭朴素的8亿人的消费需求则未能得到真正满足。导致这种情况的原因是移动互联网的孤岛效应问题。

对于移动互联网的孤岛效应问题，我们可以这样理解，在PC互联网时代，所有的事物都可以通过PC设备来链接用户，但进入移动互联网时代后，APP的下载、安装、注册、绑定银行卡、交易等流程较为烦琐，而且手机性能不足以支撑用户随心所欲地安装APP，能够长期留在用户手机上的APP主要就是那些常用的工具类及个人兴趣类APP，最终的结果就是，巨头对流量的控制力不断提升，形成对市场的垄断。

大部分用户的手机上会安装微信、微博、QQ、支付宝、UC浏览器、淘宝、今日头条等主流APP，催生了几款拥有亿级月活跃用户以及几十款千万级月活跃用户的头部APP，用户时间与精力相对有限的情况下，小企业线上引流成本不断攀升。

即便是传统电商巨头京东，其高额的流量成本问题也成为困扰其发展的重大阻碍，目前，京东获得一位新用户的平均成本达到200元以上。本质上，传统电商是一种中心化模式，它将用户引入一个统一的平台中，在平台上对各类商品进行展示并刺激购买。

大部分中国电商企业没有选择类似亚马逊一般地通过从每笔交易中抽成来盈利，而是采用前置收费，以类似线下商场一般出售展示位来盈利。受到移动互联网孤岛效应的影响，电商企业流量很容易触及天花板，此时，想要推动经营业绩提升，必须尽可能地提高客单价。这也是为何传统电商企业在转型升级期普遍倡导品质生活和消费升级的核心所在。

为了提高客单价，推动经营业绩提升，显然电商平台会更倾向于推荐售价 300 元的品牌产品，而不是 30 元的具有超高性价比的普通商品，而那些对价格较为敏感、追求性价比的用户会因此而逐渐离开平台。

同时，中心化的电商平台能够在一个页面中向消费者展示的商品也是相对有限的，卖家想要进入该页面，并显示在页面中尽量靠前的位置，就需要向平台支付推荐费，大型卖家财力雄厚，在平台的流量支持下越做越大，而中小卖家资金有限，得不到平台的流量支持，离开平台只不过是时间问题。

也就是说，传统经销体系造成的交易成本大幅度增长，以及移动互联网的孤岛效应，使商品难以具备性价比，那些对价格较为敏感的用户被迫妥协。

圈层壁理论强调，个体的认知及习惯会影响并限制其认识外部世界，企业领导者的才能对企业的产品及用户体验也会产生关键影响。在圈层壁的作用下，很多企业无法认识到规模庞大、对价格较为敏感的用户的消费需求，仅是盲目地跟随行业领先者迎合消费升级。

圈层壁的存在曾经使微信红包推广陷入困境，在微信红包上线后的前八个月时间里，用户规模虽然达到了 400 万，但增长陷入停滞，即便运营团队做了一系列的营销推广，也未能突破这一阻碍，最终，微信投入数亿资金借助春节这一节点才打破了这一阻碍，仅一天时间微信红包用户规模便激增至1亿人。连微信这种级别的巨头打破圈层壁，都要耗费如此高的成本，更不用说广大中小企业了。

那么，拼多多打破圈层壁的背后隐藏着怎样的逻辑呢？拼多多采用了低价、拼单等一系列策略，促使用户进行口碑传播，以较低的成本快速积累了大量流量。确实，企业通过投入较高成本，可以带来一批购买力较强的用户，但这些用户的数量是相对有限的，想要获得海量追求高性价比的价格敏感型用户，必须运用新思维。而且，价格敏感型用户规模庞大，通过单品运营策略，可以获得较高的订单量，使上游供应商进一步降低成本，最大程度上让利消费者。

拼多多的崛起告诉我们，本质上，商品流也是一种信息流，即便没有购物车、搜索框提供支持，商品也能够借助信息流来连接用户，并被用户购买及使用。

运营升级：强化商品质量管控能力

拼多多用不到三年的时间，在多个方面积累了较强的竞争壁垒，比如，通过充分让利消费者，沉淀了超过3亿用户；积累了大量用户购买、评论等数据；和上百万商家建立合作关系；等等。

但过快的增速很容易带来一系列的负面影响，即便在阿里、京东、唯品会等电商巨头的推动下，我国电商基础设施日渐完善，但对于发展时间较短的拼多多而言，售假问题、物流及售后服务问题等仍将成为其发展路上面临的重大阻碍。在竞争环境激烈而复杂、消费者要求更为严苛的背景下，解决这些问题可能需要拼多多耗费大量的资源与精力。

当前的拼多多逐渐进入一个发展瓶颈期，在极光大数据公布的数据中，2018年1月，拼多多日活跃用户为4323万，但2018年2

月，这一数字降低至 4013 万，这是拼多多进入迅速增长阶段后的首次下滑。

拼多多是否能继续得到消费者的支持与信任？从诸多企业的实践案例来看，拼多多想要打破发展瓶颈，必须快速提高平台治理水平，强化供应链管理能力，并实施品牌整体转型。

可能有人认为拼多多面向的用户是三四线、五六线城市的长尾互联网用户，是中国最为庞大的消费者群体，没必要进行品牌转型。但事实并非如此，拼多多在三四线、五六线城市的渗透率和网民的渗透率水平较为接近，已经很难在该市场实现快速增长，而增速对拼多多这种互联网创业公司又非常关键，所以，拼多多可能需要去一二线城市寻找新流量，而一二线城市消费者往往是阿里、京东两大电商巨头的忠实用户，拼多多想要打开局面，不但需要资金、人才等各种优质资源，还需要有高超的商业智慧。

在一二线城市电商用户中，最初消费者可能会因为价格较低、买到就是赚到的新鲜感而在拼多多上购物，但低价情况下，很难充分保障产品质量及服务体验，而这些用户对生活品质有较高要求，可能会因此而迅速流失。所以，拼多多还要努力解决产品质量及服务体验问题。为此，拼多多需要提高运营管理水平，搭建更为完善的供应链管理体系。

在相当长的一段时间里，淘宝的假货、产品质量低下问题饱受诟病。拼多多也很容易遇到这种问题，这是因为拼多多的运营单元是商品，商品问题给其带来的负面影响尤为严重，而且拼多多不设置购物车，每一款商品都需要运营人员审核、定价、上架等。爆款商品往往是那些高频刚需、极具性价比的产品，对于低价商品，以盈利为目标的商家为了压缩成本，在产品质量及服务体验方面很可能会缩水。

与此同时，消费需求处于动态变化之中，某款商品成为爆款后，消费需求在短时间内集中爆发，但很多商家为了避免库存积压，可能不会储存大量备货，面对突然暴涨的订单，商家的应对措施通常是为消费者退款、向其他供应商采购甚至是紧急下架、故意发错货等，因为拼多多规定48小时内未发货的商家要遭受严厉惩罚。

并非所有的消费者会因为商品质量问题而要求退换货，因为很多时候退换货要付出较高的成本，尤其是商家态度敷衍、推卸责任会让消费者产生严重的负面情绪，这会给用户体验带来较大的负面影响。所以，拼多多对自身的运营管理进行升级是很有必要的。

强化供应链管理能力也是拼多多要重点解决的问题，但拼多多可能不会刻意追求和品牌商之间的深度合作，因为在拼多多看来，品牌更新迭代十分频繁，拼多多只需要及时更新用户青睐的新品牌即可，不需要追求独家代理类的特权。在拼多多的发展规划中，培育扶持“拼品牌”是一项重点布局，在拼多多的支持下，2017年，拼品牌销售额达到1亿元以上，预计2018年将达到3亿~5亿元。

注意力经济时代，抢用户不但要注重用户规模，更要获得其注意力，延长其在线时长，确保用户质量，这样才能真正为企业创造足够价值。

第 5 章

基础运营：

拼多多新手开店运营操作技巧

5.1 拼多多新手开店的基础知识与技巧

明确平台属性以及适合运营的产品

企业所有经营策略都要来源于对消费者需求的洞察，最终要通过品牌价值提升落地。那么面对拼多多平台，企业要采取何种策略才能一边借其增长红利发展，一边保证自己的品牌价值不被削弱呢？在解决这个问题之前，我们先来分析一下拼多多的平台属性及该平台适合运营的产品。

淘宝是拼多多最强有力的竞争对手，二者竞争激烈，这一点从双方卸载 APP 的用户流量可见一斑。“卸载淘宝的用户有 50.3% 流向了拼多多，卸载拼多多的用户有 78.3% 流向了淘宝。”

作为电商平台，拼多多与淘宝属性相同，只不过淘宝产生于 PC 互联网时代，拼多多产生于移动社交互联网时代，二者的运营方法不同，但其聚焦的用户及要满足的用户需求相同。由此，我们可以对拼多多在品牌提升方面的作用进行深入了解。

从当年阿里巴巴的“万人反淘”和“天猫出走”事件可以看到拼多多的未来。2011 年，为解决淘宝商家鱼龙混杂、假冒伪类商品频出问题，为吸引更多高档品牌入驻，保护优质品牌成长，阿里巴巴提升进入门槛成立天猫平台，吸引品牌商进入，予以重点扶持，才有了现如今国内最大的B2C平台。

现在的拼多多就像彼时的淘宝，虽然它使用各种营销手段满足用户需求，但其本质不会改变。那么，在去中心化的社交时代，究竟什么样的产品才适合在拼多多平台运营呢？

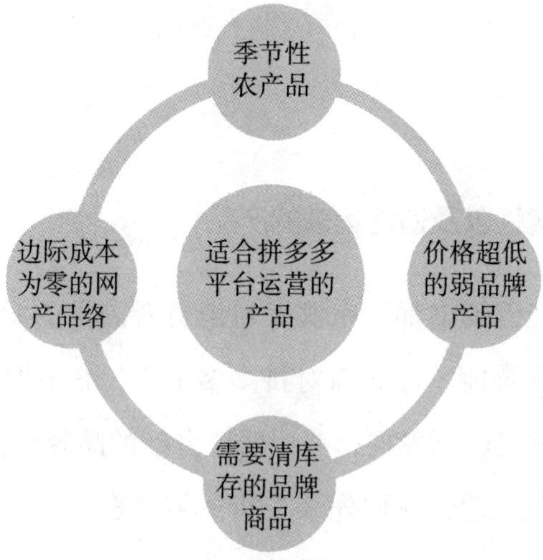

图5－1 适合拼多多平台运营的产品

（1）季节性农产品。枇杷、樱桃、荔枝等需要在最短的时间内销售出去的季节性农产品非常适合在拼多多平台销售，利用拼多多平台的社交裂变效应，产品分销速度能大幅提升。拼多多的这一功能类似于国外的农产品拍卖行，比如荷兰的花卉拍卖市场等，我国因为各种原因一直没有出现农产品拍卖市场，导致很多季节性农产品价格不稳定，拼多多的拼团模式很好地解决了这一问题。

（2）价格超低的弱品牌产品。比如南极品牌，这个品牌一直致力于中低端供应链的发展，从2017年开始凭借自身“低价、爆款”

的属性积极在拼多多平台布局，并针对拼多多设计渠道标牌，全年销售额达到了 6 亿元，在公司总销售额中的占比达到了 10%，成为拼多多发展过程中一个非常重要的受益者，其运营方式为其他经营者提供了参考。

（3）需要清库存的品牌商品。拼多多的这一功能与线下的奥特莱斯（生产直销中心）非常相似，可以帮品牌处理尾货和滞销产品。品牌为了占据市场需要不断推陈出新，加快资金回笼，尤其是快时尚品牌，每当换季就要清理库存，拼多多为这些品牌提供了一条极好的清理库存的渠道。

（4）边际成本为零的网络产品。有一些边际成本为零的网络产品，比如王者荣耀的皮肤类产品等，销量增加不会增加成本，只会增加利润，这类产品可以降价销售。在这些产品生命周期即将结束时，可以用拼团的方式延长产品的生命周期，激发用户的购买热情。

当然，其他想分享拼多多增长红利的品牌商品也可以进驻平台，只不过要注意一点，不要单纯地为了吸引用户盲目降价，导致拼多多平台的产品价格与其他渠道的产品价格差异较大，这样会得不偿失。而那些定位中高端市场的品牌，因为不需要以低价吸引用户，所以对于是否入驻拼多多平台要慎重考虑。

拼多多新手入驻的申请条件与要求

拼多多的商家入驻方式有两种：一种是企业入驻，另一种是个人入驻，入驻要求有所差异，下面我们对这两种入驻方式进行具体分析。

◎ 拼多多个人店铺入驻要求

（1）个人店铺资质

个人入驻拼多多平台需要提交个人身份证原件的正反面照片、

本人手持身份证的清晰照片、个人近期照片。

（2）特殊要求

如果商家选择经营食品类商品，需要向平台提交营业执照、食品流通许可证或食品经营许可证；如果商家经营酒水类商品，需要向平台提交酒类流通许可证或申明书；如果商家是生产厂家，只需向平台提交食品生产许可证，无须提交食品流通许可证。

商家在提交身份证信息时，证件信息时间与截止时间之间的期限要在 3 个月以上。

（3）店铺命名要求

★ 店铺名称不能重复。如果有多个店铺申请同一个店铺名，按照先后顺序，先申请的店铺获得名称，后申请的店铺要重新拟定一个店铺名申请，店铺名称要符合平台规定。

★ 如果个人店铺经营的是食品保健类目的商品，店铺名称可以出现“XX 地方特产（特色）”字样，经营其他类目商品的个人店铺不能用“特色”“特产”等字样拟定店铺名称。

★ 如果不是海淘店铺，不能以“××代购”命名。

★ 没有获得平台许可的店铺不能用“拼多多特许”“拼多多授权”等短语。

★ 个人店铺的店铺名不得出现“旗舰”“专卖”“官方”“直营”“官方认证”“官方授权”“知名品牌名”等字样。

◎ 拼多多企业店铺入驻要求

（1）不同类型的企业店铺入驻拼多多平台要上传不同的资料，具体分析如下：

品牌方旗舰店入驻拼多多平台要提交企业三证、质检报告、商标注册证、开户证明；

被授权的旗舰店入驻拼多多平台除了要提交品牌旗舰店需要提交的资料外，还要提交授权书；

专卖店与直营店入驻拼多多平台需要提交企业三证、质检报告、商标注册证、开户证明、授权书；

普通店铺入驻拼多多平台只需提交企业三证和开户证明。

（2）管理人和紧急联系人的姓名、手机号不能相同。

（3）企业店铺的性质有两种：一种是海淘店铺，另一种是非海淘店铺。

海淘店铺只能选择“非水果全品类”，可以在拼多多平台销售除水果以外的全品类商品，比如服饰箱包、母婴玩具、美容个护、数码电器、家居产品、食品保健类商品等。

非海淘店铺可以根据自己经营的商品选择相应的类目，选定之后，只能上传选定类目的商品信息。

（4）店铺性质不同，主营类目不同，平台收取的保证金也不同。所以在选择店铺性质与主营类目之前，商家要认真阅读平台的《保证金说明》。

（5）企业店铺填写的营业执照注册号、组织机构代码、纳税人识别码、统一社会信用代码信息必须与上传的证件信息保持一致。如果营业执照三证合一，商家要在“是否三证合一”选项选择“是”，之后只需填写统一社会信用代码即可；如果营业执照不是三证合一，商家就要在“是否三证合一”选项选择“否”，然后在“统一社会信用代码”处填写营业执照注册号，之后根据营业执照类型依次填写信息。

（6）上传的图片大小不得超过 5M；商标注册证明、品牌授权证明、质检报告可上传多个，但数量不能超过 13 个。

（7）店铺名称中如果有“旗舰”“官方”等字样，商家必须提交“商标注册证明”。图片可上传多张，对于不满意的图片可点击图片右上角的“×”删除。

（8）店铺名称中如果有“旗舰、专卖、专营”字样，商家必须提交品牌授权证明或独占授权证明，店铺经营人必须是授权店铺从属人，图片可上传多张，对于不满意的图片可点击图片右上角的“×”删除。

（9）质检报告必须以图片或 PDF 文件的形式上传，数量可以多个。

新手店铺详情页和主图的设置技巧

◎ 详情页

很多拼多多卖家感到相当困惑，商品有较高的曝光量和点击量，但转化效率为何却一直处于较低水平呢？造成这种问题的因素是多方面的，而详情页问题无疑是一项重要因素。用户会点击店铺的商品，可能是被标题和主图所吸引，但结果发现详情页很粗糙，很容易认为商家是标题党，无法产生信任，更不用说购买商品。想要做好商品详情页，商家可以从以下三个方面着手：

（1）商品实际体验图

部分商品实际体验很难通过文字进行描述，而以图片的形式却能方便、快捷地将其表现出来，再结合文案描述，可以给消费者带来强烈冲击，刺激其冲动购买。

（2）商品的成分表

虽然拼多多上的用户主要是价格敏感型用户，但这并不代表他们不注重商品质量，而商品成分表是了解商品质量的有效途径，所

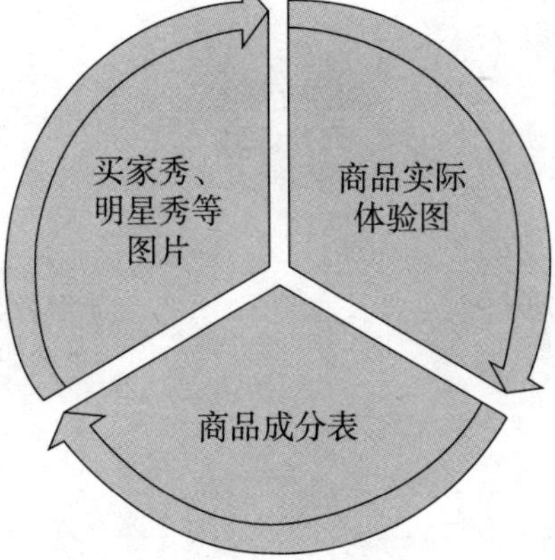

图 5－2 拼多多店铺详情页设计技巧

以，将商品成分表在详情页中展现出来是很有必要的。当然，部分成分对专业性要求较高，还有部分成分存在一定的争议，商家可以对这些成分进行重点说明。信息透明度较高的商品，消费者可以用更低的时间成本制定消费决策。

（3）买家秀、明星秀等图片

高颜值的帅哥靓女拍摄的精美模特图，表面上看确实赏心悦目，但对刺激消费者购买，其实际效果可能并不理想，因为大部分人是普通人，仅用这类图片难以让他们制定消费决策。所以，卖家可以在详情页中展示买家秀、明星秀的图片。

商品轮播图及描述也会影响用户购买决策，部分用户不愿看文字较多的详情页，而是通过轮播图及描述决定是否购买。此外，对商品进行美化包装确实对促进产品销量有积极的影响，但不能太过夸张，否则用户会在收到商品后产生较大的心理落差，对卖家留下负面印象，甚至投诉卖家欺诈。

◎ 制作主图

主图将直接影响商品点击率，进而影响商品销量，所以，制作主图应该得到拼多多卖家的高度重视。

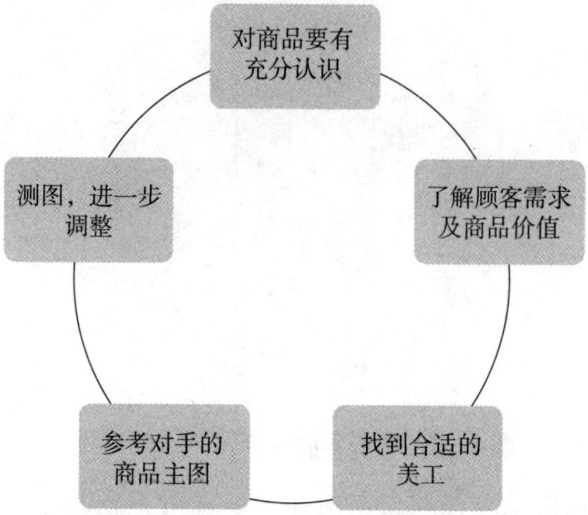

图 5－3　拼多多卖家主图制作技巧

（1）对商品要有充分认识

如果对商品本身缺乏足够的认识，做好主图的难度将会显著提升。拼多多主图绝非是简单地将商品图片放入即可，因为商品同质化问题越发严重，而低价商品往往模仿成本较低，同质竞品数量较多，所以，卖家要结合商品的特征、功能、调性等来提炼其卖点，并长期将其在主图中展示出来，这样会更容易取得用户的认可与信任。

（2）了解顾客需求及商品价值

仅从商品本身的角度来提炼卖点是远远不够的，还要结合顾客需求及商品价值。不能满足顾客需求、无法为用户创造价值的商品，即便用再精美的文字及图片进行呈现，大部分顾客也不会购买。

（3）找到合适的美工

美工往往都有各自的设计风格及习惯，同一个项目交给不同的美工负责，得到的成果会存在明显差异。而主图必须要和店铺风格、调性保持高度一致，这样才能更好地达成预期效果，因此，拼多多商家必须找到合适的美工。

（4）参考对手的商品主图

现代竞争早已不再是传统的零和博弈，竞争对手相互模仿，将市场蛋糕做大的案例不计其数，所以，拼多多卖家在制作主图时，可以向竞争对手学习借鉴，但切记不可直接抄袭，要分析其主图背后的逻辑，比如，切中了怎样的用户需求痛点等，然后再进行一定的创新。

（5）测图，进一步调整

主图制作完成后，卖家需要进行测图，根据测图结果对其进行优化调整，而且主图并不仅是一张，卖家需要从测试结果中找到效果最好的图片，并将其作为首图。

拼多多新手店铺面临的问题与对策

随着大量用户涌入拼多多，在拼多多开店的商家也越来越多，有很多商家都是电商新手，因为缺少运营经验，所以在开店的过程中会遇到很多问题。比如，店铺开通之后如何美化店铺，如何引流等。下面，我们对电商新手在拼多多开店经常遇到的问题做了总结，为新手开店提供指导。

（1）拼多多店铺客服问题

对于报名参加活动来说，客服回复率是一个非常重要的指标。客服回复率计算公式为：（超时未回复的消息/咨询总人数）×100%，回复率统计时间为 8 点～23 点。同一个买家无论咨询多少次只统计一次，回复率低于 50% 要扣除 1000 元保证金，用作补偿金。

（2）快递订单问题

为了避免手写快递单出错，节省时间，商家可以打印快递单。

（3）新品怎么操作

对于新产品，拼多多会提供 15 天的扶持，在扶持期内，商家一定要想方设法提升产品销量，产品有了一定销量之后要立即报名参加新品活动。

（4）需要寄样吗？

目前，商家不需要寄送样品，但可以用样品做一些特价活动，提升产品销量。

（5）企业店铺的流量是不是比个人店铺多？

相较于个人店铺来说，企业店铺可以报名参加更多活动，获得相对稳定的、较高的流量，但从总体来看，企业店铺与个人店铺获得的流量相差无几。

（6）为什么新品参加活动之后却没有订单？

在拼多多的扶持下，新品一开始会获得订单，但扶持期结束后，新品要想持续获得订单，商家就要做好维护工作。

（7）直通车点击少、没效果，而且很难找到自己的商品

相较于淘宝平台的直通车来说，拼多多的直通车还不成熟，流量不是特别精准。

（8）某商品曾日销量十几件，现在即使降价，销量也难以提升

如果出现这种问题，首先商家要确定自己没有因违规被降权，然后要看是不是商品标题或者图片出现了问题，可以尝试优化标题、更改主图、修改商品详情页。

（9）店铺被降权，被告知要“妥善经营”

该问题出现的原因很有可能是因为店铺销售太多假冒伪类商品

或刷单，商家要明确被降权原因，在降权期间不要再有类似操作，等待店铺权限慢慢恢复。

（10）商品销量突然降低

遇到这种情况，商家要对产品销量较好的那几天的数据进行统计分析，对比自己的商品与同款竞品的价格，适当采用赛马制的做法。

（11）店铺很多评价没有显示出来

拼多多会过滤店铺评价，过滤规则只有平台知晓。为了保证用户评价能显示出来，商家最好能与用户沟通，让用户撰写一些带图的简短评论。如果商家的有效评价不足，就没有办法报名参加一些活动。

（12）拼多多店铺怎么对接运营

店铺月销量超过一万就可以按照后台提示对接运营。另外，拼多多的平台运营会主动寻找一些优秀的店铺，所以店铺要想坐等平台运营上门，就要努力提升店铺销量，获得更多正面评价。

（13）商品上架一周了还可以增加 SKU 吗？

可以增加 SKU，但会使商品排名受到一定影响。但只要商家能做好维护，2 ~ 3 天商品排名就可恢复。

拼多多新手店铺需注意的四个方面

很多卖家在拼多多开店主要是被拼多多的流量红利所吸引，盲目追逐热点，而没有将拼多多店铺运营作为一项事业。而将拼多多店铺经营作为一项事业的卖家，往往会主动学习仓储、上新、下架、图片优化、参与活动、客服服务、售后服务等各种经营细节，从而绕开店铺经营过程中的诸多陷阱，在为顾客提供优质产品与服务的同时，也能使自身获得可观的利润回报。

◎ **做到多学、多看、多想**

拼多多平台成立时间还不到三年，无论是平台方，还是卖家，在为用户服务的过程中都可能会遇到各种问题，而想要解决这些问题，就需要卖家善于分析、总结及借鉴，比如，当店铺销量下滑时，要分析是整个品类乃至平台都在下滑，还是仅自身出现了问题，有时是因为宏观政策调整或某个突发事件导致某品类商品销量大幅度下滑，此时，卖家就需要考虑是否要放弃该品类；有时则是因为竞争对手推出了行之有效的营销活动，此时，卖家需要迅速采取针对性的措施，比如，举办更大力度的促销活动等。

◎ **要做数据统计，更要做结果分析**

对店铺经营来说，数据统计仅是基础，想要真正发挥数据的价值，需要找到其背后的逻辑与规律，理清数据上升或下降代表的真正内涵，从而制定出科学合理的经营决策，而不是简单地局限于表面的数据。

◎ **对客服进行专业培训**

没有足够的客户，店铺自然很难生存，而客服是门店和客户沟通的重要媒介，卖家需要对客服进行重点培训，提高其专业素养，比如，使客服树立客户服务精神，耐心为客户解决各种问题，禁止使用嘲讽的语气和客户沟通，熟练掌握店铺产品相关信息等。

◎ **拼多多客服服务实操**

在客户下单前、下单后及收到商品后，客服人员服务的技巧是有所不同的，比如，在下单前，客户更多地需要客服提供专业建议帮助其制定科学购物决策，此时，客服人员需要耐心细致地为客户讲解产品，客户决定购买后，要提醒客户认真核对收获地址，以免收货不便。

下单后，客户需要拼团成功才可以买到心仪的商品，此时，客服人员需要为客户提供拼团技巧，帮助客户选择合适的分享渠道，在客户拼团成功后，要提醒客户“我们会在48小时内为您发货，请您留意订单状态”。在客户收到货物后，可以告知客户使用商品时的一些技巧，并提醒客户“如果有任何问题，请您第一时间联系我们，我们会尽最大的努力为您解决问题”。在服务即将结束时，客服人员可以说：“感谢您的支持，欢迎下次再来，祝您生活愉快!”

当然，有时客服人员较忙，无法在第一时间为客户解答问题，除了设置自动回复外，还可以将客户经常咨询的问题整理出来，并提供专业的解答，解决部分用户需求的同时，还可以减少客服人员的工作负担。

5.2 拼多多新手店铺推广引流运营攻略

拼多多新手开店的推广运营技巧

目前，拼多多已经上线了自主开发的APP，流量来源更为广泛，能够更好地留住用户并刺激其重复购买，考虑到三四线及五六线城市的庞大人口基数，未来的拼多多将具备广阔的发展空间，这就为在拼多多开店的卖家提供了前所未有的重大发展机遇。

拼多多店铺流量来源不仅包括活动流量，通过付费推广引流也非常关键，卖家可以选择拼多多平台提供的点击扣费引流广告来为店铺引流。具体操作为：在拼多多商家后台点击“店铺推广”，确定充值金额并制定推广计划。此处需要卖家设置一个合理的商品点击价，该价格是指买家每点击一次卖家需要向平台支付的成本，从诸多实践案例来看，这种广告方式的引流效果比搜索关键词引流更为有效，值得拼多多卖家投入大量资源。

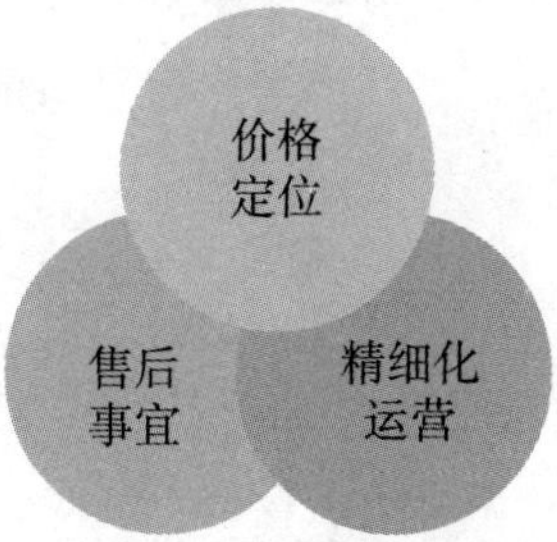

图 5 -4 拼多多新手开店的推广运营技巧

◎ 价格定位

大部分产品同时在多家电商平台销售，但因为不同平台店铺经营成本及用户购买力的差异，产品定价会有所不同，而低价是拼多多的一大主要优势，一方面，平台费用较低，卖家经营成本可以得到有效控制；另一方面，产品订单量较高，使卖家和供应商合作时具备更高的议价权，从而进一步让利消费者。

◎ 精细化运营

店铺运营中必然会涉及标题、关键词、产品详情页优化等诸多细节之处，想要做好这些细节需要长期投入大量的资源和精力，虽然较为烦琐、枯燥，但对用户体验提升却具有良好的效果。需要注意的是，在设置产品图片的过程中，很多卖家往往会出现过度美化的情况，这种情况下，即便用户被图片吸引而购买，但收到实物后，会造成心理反差过大而对卖家留下严重负面印象，给店铺的长期稳定发展带来较大的负面影响。

◎ 售后事宜

售后问题向来让电商卖家饱受困扰，卖家首先要对售后问题有一个正确的认识，电商遇到售后问题是很正常的事情，在处理售后问题时，卖家可以借鉴以下三点技巧：

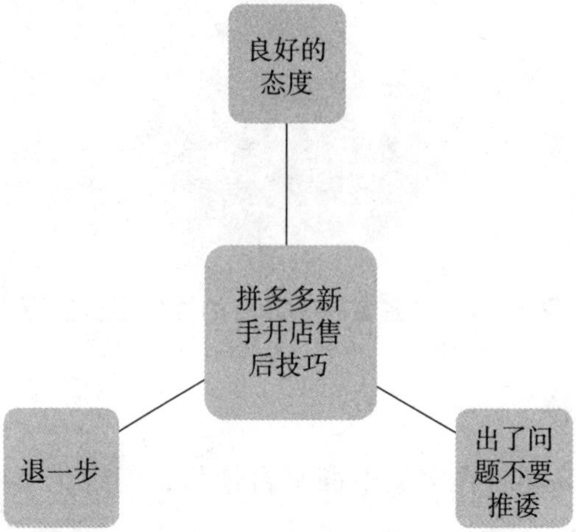

图 5－5　拼多多新手开店售后技巧

（1）良好的态度

有时，售后问题仅是一件小事，但顾客认为客服人员态度不佳，从而产生愤怒等负面情绪，导致问题更为严重，需要卖家耗费数倍成本才能将其解决。所以，在处理售后问题时，有一个良好的态度非常关键，当卖家保持良好的态度时，客户心理会得到安慰，从而降低赔偿条件甚至主动放弃要求赔偿。

（2）出了问题不要推诿

从用户角度来看，当网购商品出现问题时，如果找到卖家后，卖家以各种原因推卸责任会让用户产生严重负面情绪，大部分用户可能认为商品不值钱，在评论中留差评发泄情绪，那些较为冲动的用户则会向平台投诉，显然这都会给卖家带来较大的负面影响。事实上，在用户主导的新消费时代，卖家要让用户感受到卖家对他们的重视与尊重，卖家需要的是主动承担责任，积极帮助用户解决问题。

（3）退一步

大事化小、小事化了是解决售后问题的黄金法则，退一步往往能够解决很多问题，而且退一步往往能够给用户留下良好印象，提高其复购率。出现售后问题时，并非都是卖家方面的责任，可能会因为顾客的疏忽填错订单等，但顾客提出问题，比如因为型号不符合预期想要更换时，虽然这可能不在卖家的责任范围内，为顾客更换后会有一定的损失，但和长期留住顾客相比，这种损失是微不足道的，要知道淘宝、京东等传统电商平台引进一个新用户的成本已经达到了 200 元以上。

拼多多新手新店的引流实战技巧

在竞争愈发激烈残酷的背景下，即便是在拥有 3 亿多用户的拼多多平台上开店，也可能会出现缺乏流量、销量低迷等问题，想要解决这一问题，需要掌握在拼多多上开店的引流技巧与玩法。具体而言，拼多多新店想要做好引流工作并确保产品销量，需要遵循以下三个步骤：

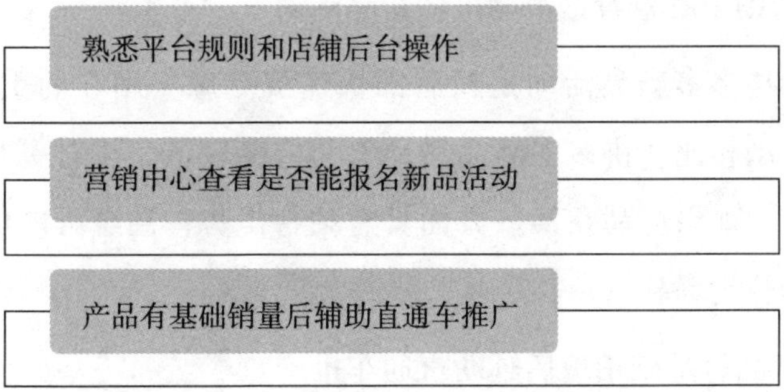

图 5－6　拼多多新手新店的引流实战技巧

◎ **熟悉平台规则和店铺后台操作**

在店铺刚上线时，卖家不必急于销售商品，而是要深入了解拼多多的平台规则及店铺后台操作，其中，卖家需要掌握的拼多多平台规则主要包括发货规则、售后规则、惩罚体系等。卖家需要掌握的拼多多店铺后台操作主要包括发货管理、商品管理、账户资金、店铺管理、店铺营销、售后管理等。

此外，对于选品和产品数量控制，卖家也要投入足够的时间与精力。在选品方面，要和竞争对手实现差异化，选择优质供应商，保障商品的持续稳定供应。在产品数量控制方面，产品数量要结合店铺经营团队规模确定，很多店铺是个体或夫妻开设的，资金相对有限，为了保障服务质量，需要尽可能地将产品数量控制在 10 款以内，选择一两个产品作为主推爆款，后续随着店铺经营业绩不断提升，可以考虑扩大经营团队及产品数量。

通常拼多多平台会在新店铺上线后的一个月内为其提供流量支持，除了从拼多多平台内引流外，卖家还可以尝试通过微博、微信等社交媒体进行引流推广。

◎ **营销中心查看是否能报名新品活动**

参加拼多多新品活动是新店铺快速沉淀忠实用户的重要途径，和其他活动相比，拼多多新品活动参与门槛较低，相对更容易通过平台审核，如果产品在某一方面具有独特优势，甚至可能借助新品活动成为热销爆款。

◎ **产品有基础销量后辅助直通车推广**

在产品具备了一定的基础销量后，卖家就可以借助拼多多的直通车服务进行大规模推广。直通车是拼多多推出的付费推广服务，就像广告商在百度平台投放广告一般，购买直通车服务的拼多多卖家需要为每次向消费者展示的机会竞价，当然，利用直通车付费推广时，必须结合实际效果对关键词等进行持续优化，尽可能地以较低成本获取更大的曝光量。

拼多多新手店铺的搜索推广技巧

在拼多多平台，商家必须掌握搜索推广技巧，因为商家可以通过关键词推广获取更多精准的流量，提升用户转化率。但搜索推广技巧的掌握无法一蹴而就，必须先从学习基础知识开始。

（1）搜索推广展示位置

在这里，拼多多卖家一定要优化商品标题，提升搜索展示效果。

（2）搜索推广费用

点击费用 = 下一名出价 × 下一名质量得分/你的质量得分 + 0.01 元

（3）点击量和排名计算公式

点击量 = 曝光量 × 点击率

综合排名 = 出价 × 质量得分

（4）商品质量得分

消费者在拼多多平台搜索关键词，匹配相关度越高，商品质量得分就越高；匹配相关度越低，商品质量得分就越低。如果关键词出价一样，质量得分越高的商品排名越靠前，推广费用越低。

影响商品质量得分的因素有很多，具体分析如下：

- 商品自身因素，比如销量、动态评分、评价数量、客服回复、收藏人数、售后率等。
- 关键词相关性，商品内容与标题的关系。
- 类目相关性，商品是否属于优先展示类目。

- 属性相关性，商品属性是否匹配完整。

- 展现量。展现量指的是商品的搜索曝光，展现量越高表示推广者做推广的意愿越强。

- 点击量，也就是产品被关注的体量。点击量越高表示产品市场需求量越大。

- 点击率，也就是产品被关注的程度。点击率越高表示产品的竞争力越强，性价比越高。

- 收藏量，也就是产品被收藏次数。产品收藏量越高表示产品越有可能成交。也就是说，产品收藏量会使产品转化率受到一定影响。

- 推广运营能力，即投入产出比（ROI）。推广运营能力越强表示直通车越有可能实现可持续推广，帮商品实现持续盈利。

- 推广资历，即推广计划的融合度，包括推广计划推行时间及投入费用，这是一个逐步积累的过程，所以商家不能随意删减、更改自己的推广计划。

为了提升自己的商品质量分，商家可采取以下五种方法：

第一，在产品 12 字的短标题或产品大标题中设置最主要的转化关键词；

第二，商品类目要匹配，要为商品添加准确、完整的属性；

第三，将精准度高的关键词单独列出来，数量不能太多，以免使商品点击率受到不良影响；

第四，如果关键词的点击率、转化率太低，要及时将其删除，补充新的关键词；

第五，用点击率较高的关键词帮助其他关键词获取质量得分。

实战解析拼多多店铺的运营技巧

下面，以拼多多中一个名为“冰糖雪梨”的卖家的实践案例为例。该卖家主营生鲜商品，其分享的数据显示，入驻不到一个月，销售了 500 多件商品，客单价约为 38 元，单件净利润约为 10 元，仅 20 多天就获得了 6000 元的净利润。通过对“冰糖雪梨”店铺深入观察与分析，我们可以总结出以下几点经营技巧：

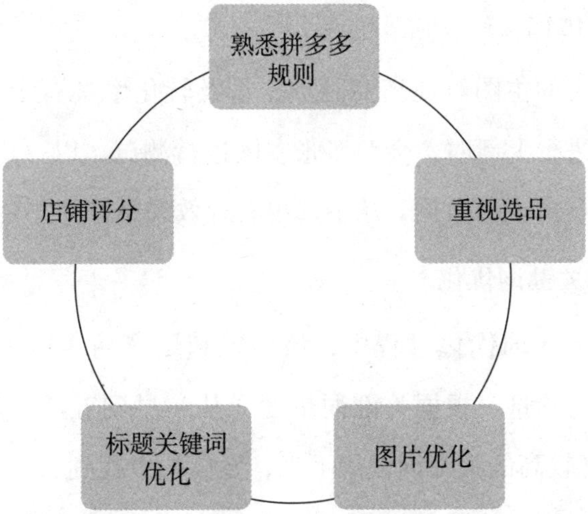

图 5－7 拼多多店铺的运营技巧

◎ 熟悉拼多多规则

熟悉拼多多规则，不但可以降低违规概率，还能享受到拼多多更多的流量支持。在准备在拼多多开店时，该卖家详细了解了拼多多的各项规则，对其中存在疑惑的条款，她还找了法律专业的朋友帮自己分析，在掌握了缺货、虚假发货、延迟发货等各种规则后，才正式入驻拼多多。

◎ **重视选品**

选品是决定拼多多店铺能否取得成功的关键所在。该卖家进行选品时，选择了其所在地成本低、质量较高的农特产品。这种选品策略，保障了供货稳定性，不用担心供应链不足导致被平台罚款，而成本低意味着有较大的让利空间，契合了拼多多平台用户对价格较为敏感的特性，质量较高意味着品质有保障，可以借助拼多多的社交电商模式实现大范围传播推广。

◎ **图片优化**

有吸引力的主图对提高商品点击量及转化率具有十分积极的影响。该卖家进行上新时，会对多张主图进行测试，以一周为测试期，每天观察其点击量等数据，从中选出表现效果最好的图片作为主图。

◎ **标题关键词优化**

在标题关键词优化过程中，该卖家利用产品店铺推广关键词，对关键词进行筛选，根据关键词热度（从一星到五星，热度逐渐提高），将热度较高的关键词记录下来，然后从中找到和产品关联度较高的关键词，再对这些关键词进行组合搭配，最终获得一个具有较高吸引力的标题。需要指出的是，在标题中将产品的优势及特色展现出来往往能够产生良好的效果。

◎ **店铺评分**

拼多多店铺评分十分关键，评分主要由描述评分、物流评分及服务评分构成，该卖家在提高这三种评分时，采用了以下策略：

在提高商品描述评分方面，不对商品描述、主图及详情页进行过度美化，直接向受众展现商品优势，这样顾客收到包裹时，实际体验和心理预期基本一致，从而给出平均值以上的商品描述评分。

在提高物流评分方面，因为该卖家主营生鲜食品，对配送速度及服务质量有较高要求，顺丰无疑是颇为良好的选择，但其运费较高，并不适合绝大部分拼多多卖家，经过了一周的调查及咨询后，该卖家最终选择了速度较快、服务水平较高、成本相对较低的极速鲜作为物流合作伙伴。

在提高服务评分方面，充分保障在线时间。有事要外出时，找家人或朋友帮忙，尽可能地在第一时间回复顾客。在处理售后问题方面，尽最大努力满足顾客要求，即便有的订单因为退换货问题导致物流成本增加，但仍坚持为顾客提供优质服务，这帮助该卖家快速沉淀了一批忠实用户。此外，以下几个实用技巧也能帮助拼多多卖家有效提高服务评分：

（1）发货时，在包裹中加入感谢信或小礼品，这会让顾客打开包裹时，产生意外之喜。

（2）对顾客普遍存在的问题进行汇总，并通过设置自动回复帮助顾客解答这些问题，这不但可以有效降低工作量，还能提高顾客响应速度，给顾客带来良好体验。

（3）包裹配送完成后，提醒顾客注意签收，目前，绝大部分物流服务商并不提供送货上门服务，而是将包裹放在目的地附近的服务网点中，让顾客上门自提，所以，在包裹配送到服务网点后，商家可以提醒顾客及时前往快递网点提货。

第6章

进阶运营：

有效提升店铺的成交转化率

6.1 平台商家提升成交转化率的运营技巧

拼多多店铺运营管理的实战攻略

做好运营工作是拼多多店铺能够取得成功的关键所在，但拼多多店铺运营并非是一件简单的工作，为此，店铺管理人员需要在运营实战中做好以下几个方面：

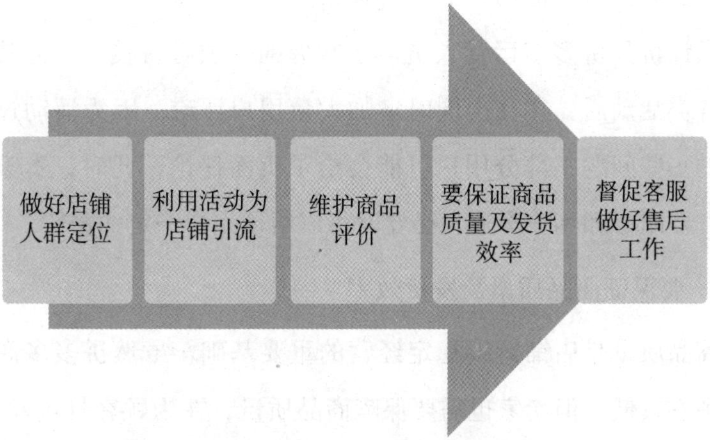

图 6-1　拼多多店铺运营管理的实战攻略

◎ **做好店铺人群定位**

在竞争日趋白热化的电商领域，粉丝营销是提高店铺流量及转化率的重要途径，而开展粉丝营销建立在精准的人群定位基础之上，比如：如果店铺面向的主流人群是年轻女性群体，运营人员就需要了解她们的购物习惯、需求心理，经常使用哪些社交媒体，对什么营销内容比较感兴趣等。

◎ **利用活动为店铺引流**

新店铺上线初期流量相对较少是很难避免的，运营人员需要开展一系列的推广工作为店铺引流，当然，新店铺商品没有足够的销量和评价，使用直通车推广性价比较低，所以参加新品活动是更为可行的方案，经过新品活动积累了足够的流量及用户评价后，就可以报名参加直通车等各类推广活动。

◎ **维护商品评价**

商品评价对其他用户的消费决策产生关键影响，所以，善于维护商品评价是拼多多运营人员需要掌握的一项必备技能。尤其是在参加各类活动后，往往会同时增加大量用户评论，因为活动过程中出现的一些问题，部分用户可能会给予负面评论，此时，卖家不必慌张，要耐心和用户沟通，必要时可以给予用户一定的赔偿。

◎ **要保证商品质量及发货效率**

商品质量是店铺持续稳定经营的重要基础，虽然拼多多商品售价及利润较低，但卖家也需要保障商品质量，在为顾客打包发货前，要对商品进行仔细检查，确保没有质量问题后再发货，这样可以减少很多售后问题，降低店铺运营成本。同时，提高发货效率也非常关键，在用户体验中，物流时效性是一个重要环节，而发货效率会直接影响物流时效性，所以，卖家要对发货效率给予高度重视，对物流环节进行严格监督，必要时可以更换服务水平更高的物流公司。

◎ 督促客服做好售后工作

和很多电商平台相比，拼多多客单价较低，卖家想要获得较高利润，除了提高订单量外，还必须提高复购率，而售后服务是影响复购率的一项重要因素。在经营用户取代经营商品的背景下，拼多多卖家要充分认识到店铺和用户之间并非是简单的交易关系，将商品送到用户手中后并不意味着双方关系的终止，事实上，这仅是开始，卖家还需要通过一系列的售后服务及用户运营使双方建立良好的信任关系，使用户重复购买甚至终身购买。

根据用户画像规划店铺运营策略

成立于 2015 年 9 月的拼多多发展至今，用户规模已达到 3 亿左右，拥有广阔的发展前景。但不少入驻拼多多的商家在发展初期都对平台的运营方式感到困惑甚至无所适从。

普通老百姓构成了拼多多的主导用户群体，这类消费者主要通过超市、小商品市场、批发市场、夜市满足自身的需求，只有在传统节日或是重大仪式来临时才会选择到百货商场购物，但这种消费在其总体消费中所占比例较低。

超市是他们日常生活中必去的消费场所，但由于超市陈列的商品比较固定，消费者到超市的频率并不高；对普通百姓而言，超过 60% 的消费是在小商品市场、批发市场、夜市完成的，这些消费场所的商品更新频率高于超市，但难以对接消费者的及时性需求。

拼多多平台拥有丰富的商品，且用户操作成本低，能够给普通百姓提供良好的消费体验，满足他们的需求。

用户所在区域不同、年龄段不同，光顾平台的时间不同，在拼多多的消费行为也表现出明显的差别，目前，拼多多的用户主要包括以下三类：

（1）形成了固定的消费习惯，经常在其他购物平台消费，能够利用搜索功能在短时间内定位自己所需的商品，做出较为理性的消费决策。

要想吸引这部分用户群体，商家就要利用直通车进行推广，设置精准、合理的标题，为其提供针对性的推广信息。相比之下，拥有淘宝或其他平台运营经验的商家更容易成功把握这部分用户的需求。

（2）缺乏明确的消费需求，仅限于随意看看的用户。很多消费者，特别是女性用户，在闲暇时间都喜欢浏览淘宝的各色商品，发现自己喜欢的之后就可能下单购买，相比之下，男性用户的消费行为则更加理性。

针对这种消费者，平台会为其提供时尚服饰、品牌清仓、精品好货等信息，根据消费者的关注点进行资源投放，也有平台针对男性与女性用户做出了区分。商家要想提高商品权重或店铺权重，就要在平台的相关资源位上放置与当下季节相符、能够引发热门话题、特色鲜明的商品。

（3）新用户，对网络的接触时间不长，比较关注商品的价格因素，倾向于选择低价消费，平台上的秒杀资源位是这类用户群体比较关注的。

在明确了平台用户具备的特征之后，商家在经营店铺的过程中，就要保证自己经营的商品符合用户的需求，为此，商家要注重选款及测款，找到与某类用户群体对应的商品，并根据他们的关注点进行商品推广。如果商家并未对平台的用户群体进行研究与分析，则无法进行精准定位，也就很难在拼多多运营过程中取得显著的成效。低价策略固然有效，但不应该成为商家的撒手锏，而是要更加重视选品及整体的运营。

拼多多商家需要考虑的四个问题

整体来看，拼多多创业门槛相对较低，而且目前拼多多正处于流量红利期，就像曾经的淘宝、微信公众号一般，在拼多多上开店的卖家在平台流量支持下，成功率显著提升。不过在开店过程中，拼多多卖家尤其需要解决以下四个方面的问题：

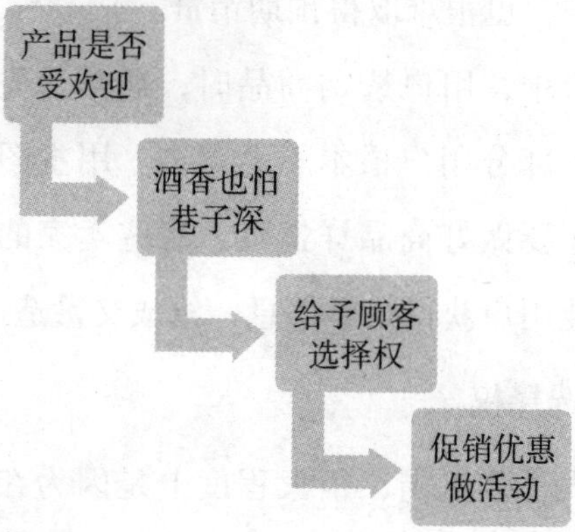

图 6－2　拼多多商家需要考虑的四个问题

◎ 产品是否受欢迎

拼多多上绝大部分爆款产品价格都在 100 元以下，高价商品在拼多多上很难成功。目前，拼多多仍处于初级发展阶段，在平台管理及运营方面还有待完善，比如，商品分类还存在一定问题，但它对类目有严格限制，一家店铺只能销售一个类目的商品，但不限制商品数量。

很多新手卖家不知道哪些品类商品符合用户需求，此时可以通过分析拼多多运营人员的动作来确定要销售的商品。比如，拼多多运营人员会在平台上发布商家招募信息，这类信息中所提到的商品往往是用户需要，但现有商家无法提供的，是拼多多平台上的“蓝海”，如果新手卖家有合适的供货商，选择这类商品很容易取得成功。

◎ 酒香也怕巷子深

在同质竞争日趋白热化、生活节奏越来越快的背景下，很多人没有足够的时间与精力精挑细选，而是从那些最显眼的商品中做出选择，此时，即便商品具有较高的质量，如果不能通过有效手段将其呈现给目标用户，也很难取得预期销量。

在拼多多平台中，用户选购商品时，通常是先看主图，如果主图缺乏冲击力，大部分用户根本不会点击。用主图成功吸引用户关注仅是第一步，还要做好商品详情页，有些卖家的商品详情页太过简单，根本不能让用户获得足够信息，给成交量造成较大负面影响。

◎ 给予顾客选择权

之所以很多人喜欢逛街，很大程度上是因为在逛街过程中可以随意挑选，可以发现很多新世界，然而在电商渠道中，用户无法实际体验商品，挑选能够带来的满足感是相当有限的，但即便如此，也要让用户可以方便快捷地挑选，赋予其选择权。

如果卖家在一个商品链接中仅提供一种商品，不但浪费了链接资源，而且会影响系统的流量支持，当链接中的商品有较多的颜色和款式时，系统会认为这家店铺较为专业，可以为用户提供优质商品及服务，从而给予其更多的流量支持。

◎ 促销优惠做活动

举办促销优惠活动被企业界广泛采用，在拼多多中更是相当普遍，有些卖家为了积累用户甚至会亏本销售，但拼多多卖家举办促销活动时，尤其需要注意两个方面：一方面，要保障活动商品有充足的货源，避免因为缺货、断货而被平台惩罚；另一方面，促销优惠并不一定要直接体现在定价方面，定价较高，但为用户提供大额优惠券也能吸引很多用户购买，之所以采用这种策略，是因为消费心理研究表明，无论商品价格多低，人们购买时都会想要卖家进一步降低价格。

拼多多客服常见问题及解决方法

（1）对于拼多多客服向客户提供的图片，要注意图片的尺寸吗？

是的，图片尺寸太大，客户加载的时间就要延长，为了节约客户的成本，系统要求图片尺寸不得超过 1M，客服可使用截图工具来完成这个工作。

（2）客服人员在手机端登录时，如何查看会话列表？

如果客服未选择会话窗口，界面就不会显示会话列表，对于这个问题，客服在看到界面弹出的“未选择会话”窗口时，应该通过滑动操作来解决。从左向右滑显示的是会员列表，反方向操作显示的是最近订单。目前手机端还无法直接进入网址链接，需要使用浏览器打开。

（3）如何清理拼多多客服列表中的会话消息，如何在列表中显示更多的会话消息？

将鼠标放到特定的会话消息上，按 ESC 键进行删除，就能清理掉这条信息。当这个客户再次发出消息，客服为其提供咨询服务后，该信息会自动显示到底部。如果不进行设置，系统只显示 100 个会话信息，若客服需要回复更多的信息，则需使用“加载更多”功能。

（4）拼多多服务平台上的红点标记，以及时间显示，意味着什么？

出现红点标记，说明最后一条信息来自于客户。显示的时间信息，记载的是客服未回复的时间，信息被回复后就不会再继续显示。这两个标记是为了提醒客服及时回复，平台考核时要求，即便客户最后一条信息没有实际性意义，客服也要进行回复。

（5）系统的自动回复是否会增加客服的回复数？

答案是否定的，系统自动回复能够提升消费者的体验，但无法增加客服人员的回复数，所以，客服仍需及时给买家提供咨询服务，而不是依赖于系统自动回复。

（6）客服能否在多个平台使用一个账号？能否在多个设备同时使用一个账号？

答案是否定的，客服人员使用的账号对应特定的后台网址，无法在多个平台使用，而且也不能使用多个设备同时在线，换句话说，每次只能用一个端口登入。

（7）客服接到广告或骚扰信息后，应该如何应对？

出现此类信息后，客服人员要意识到，对这些信息的回复情况也会影响最终的考核结果，所以要进行回复。接下来就可以采取举报措施，交给平台来处理，平台确认举报属实后，则会进行屏蔽，客服就不会再接收到此类信息了。

商家避免被处罚的平台评价规则

拼多多开通了评价功能，消费者可以将自己对产品的体验、建议等发布到这个区域，目的是向客户展示有关商品的真实、客观的反馈信息。但部分商家在这个环节没有遵循平台规则，发布违规交易评价、恶意评价、诱导好评等，违反了平台的评价规则，在发现这些情况后，平台会对商家采取处罚措施。

（1）违规交易评价

对于平台上出现的违规交易评价，拼多多可以做删除处理，具体如商家通过不正当手段获取他人财物、进行虚假交易、上传违禁信息等所产生的客户反馈信息。

（2）恶意评价

对于同行竞争者、用户通过恶意发布负面评论、差评信息等方式获取财务、谋求自身利益的行为（这些行为有可能是商家采取的，也可能是借由第三方实施的），经拼多多平台发现后，会对相关评价信息进行删除处理。

（3）不当评价

如果评价信息中出现无用信息、营销推广信息、低俗信息、污言秽语等，经拼多多平台发现后，也会被删除或进行屏蔽处理。

（4）诱导好评

商家为了得到消费者的好评，为他们提供优惠券、红包、直接返现或通过其他方式给予消费者一定利益，消费者会在利益的驱动作用下给出好评。具体方式如以下几种：

将“好评返现”的提示信息添加到商品标题、图片展示、信息说明环节中；在给消费者寄送的包裹中放进“好评返现”的卡券，或者在商品之外提供附带物品引导消费者进行好评；给消费者发短信、打电话、发邮件等，引导他们进行好评；以直接或间接方式向消费者表示，好评之后能够获得直接返现或其他利益。对于这种行为下给出的好评，经拼多多平台发现后会进行删除或屏蔽处理。

（5）异常评价

拼多多制定了完善的评价体系与评价原则，凡是未遵循平台体系、原则的评价行为都是异常评价，如上文中提到的违规交易评价、恶意评价、不当评价、诱导好评等。这些行为经平台发现后，会进行删除、屏蔽处理，且不予以计分。如果已经完成计分工作，则会对店铺评分进行调整，从而将异常评价对店铺产生的作用排除在外。

（6）评价人处理

在发现异常评价后，拼多多不仅会对这些评价信息进行处理，还会对评价人采取相应的措施，具体如要求评价人提交身份信息，对其购买行为、评价行为进行限制等。

（7）违规商家处理

当平台发现有商家存在恶意评价、不当回复、诱导好评等问题时，在对这些信息进行处理的同时，还会对违规商家进行处理，根据商家行为的恶劣程度，会给予商家相应的处罚，具体处罚方式包括：标签页降权、搜索页降权、禁止上架、终止所有商品的运营等。

6.2 拼多多店铺开展活动运营的实战攻略

拼多多店铺拼团活动的运营方法

现阶段下，拼多多正在探索根据消费者的个性化需求进行商品推广的方式，即为消费者提供符合其消费层级的产品信息，并在探索过程中逐步优化这种模式。商家应该抓住这个机会开展品牌运营，否则就会错失良机，后来者要想获得与优先入局者同样的优势，不得不消耗更多的资金与精力。

综合考虑多方面因素，商家不妨采用多店铺运营模式，对拼多多现下的用户群体及平台的资源投放模式进行研究与分析。

刚刚开通的店铺在发展初期的流量结构并不复杂，商家可以据此得知商品的市场接受度及其推广的成效。对商品进行测款后，筛选出适合在平台运营的商品，然后对商品的图片、展示信息、标题设计等进行调整。

拼多多的运营比较简单，将客服及设计因素排除在外，一个运营人员能够胜任约 3 家店铺的管理工作。在刚刚开始时，可以组建由 5 个人左右构成的运营团队，大学毕业生就能担任这份工作，让每个成员负责3家左右的店铺管理，对他们进行定期考核，将排名在40%之后的成员剔除，进行两次考核后，基本就可以组建一支实力达标的运营团队。

鉴于所有商家群、运营后台、相关论坛及平台都提供了平台资源位的使用标准及审核要求，在这里不做赘述，商家应该认真分析这些要求与标准。

在提高资源位时，商家应利用低价策略或凭借高销售量占据优势，但也不能盲目降低价格，因为商家采用低价策略是为了获得持续性发展，但在缺乏选品及测款的前提下，一味实施低价策略只能导致自身的利润空间被压缩。面对商品销量不可小觑的竞争对手，商家只有体现自身运营的竞争优势，才有可能成为最后的赢家。

举例来说，某商家经营的商品在平台十分热销，但由于供应链管理不到位，后期出现虚假发货问题，最终被平台撤销了资源位，为了扭转这种局面，商家及时纠正自身存在的问题，提前半年进行商品测试，最终取得了理想的运营效果。

具体而言，商家先利用平台的关键词搜索功能，快速实现了流量积累，其目的不是进行流量转化，而是进行商品测试，从中筛选出用户驻足时间最长、点击转换率最高的商品，这些商品就是商家后期运营的重点对象。

在正式运营之前的三个月，商家就实施了生产计划，并向平台提报资源位，在数据分析方面做好了充分的准备工作，此时，商家的商品权重更高，且市场接受度较好，还提高了供应链管理能力。如此一来，就能保证商家在运营过程中不会再出现供应链方面的问题，进而从整体上提高了自身的竞争力。

商家要想深入理解拼多多的运营方式，不妨采取如下方式：由商家自己及其团队成员从拼多多上下单，每人下 5 单，下单成功后再进行退单操作。具体下单方式如下：

（1）选定商品后直接下单购买；

（2）发起拼团；

（3）参与拼团；

（4）在同一个店铺分两次购买，两次下单时间相差 2 小时；

（5）参与秒杀活动或抢购活动。

下单之后，通过如下方式进行退单操作：

（1）拼团成功后商家未发货，电话联系客服撤销交易；

（2）拼团成功后商家已经发货，点击退货按钮撤销交易；

（3）在同一家店铺分两次下单的商品，退掉其中一件；

（4）包裹送达后，不拆包装退单；

（5）包裹送达后拆解包装，然后退单。

通过上述行为，商家能够达到如下目的：

（1）从消费者的角度出发，对拼多多的发货方式、退单方式、拼单模式等进行把握；

（2）对平台处理退单的方式进行观察分析，熟悉平台在售后服务方面的原则，据此设计店家自己的客户流程，与平台保持一致，逐步完善自身的运营及服务；

（3）在下单时，观察商品标题的设计及其信息展示方式，分析商家选用的图片及文字能否促使消费者下单。举例来说，用户自己发起拼团时，将商品信息发送给好友，好友接到信息后，能否受到标题信息的影响积极参与拼团？该信息能否准确地对商品进行描述？

商家应该从运营角度出发，对拼多多的运行方式进行探讨与分析，据此改进商品及店铺运营。运营人员要懂得细节取胜的道理，在完成退单操作后，如果团队成员能够提供深层次的反馈信息，就表明商家找对了人，拥有这样的团队，店铺运营成功的概率会大大提高。当然，即便拥有良好的运营团队，商家也要清楚平台的规则，保证自身的运营符合平台的要求，否则就容易偏离方向。

拼多多品牌清仓活动规则与技巧

拼多多品牌清仓活动在提高产品销量方面具有良好的效果，该活动设置了一系列的限制条件，比如，仅支持企业店铺等。和其他活动相比，该活动门槛较高，但因为效果显著，还是吸引了大量商家的积极报名。能够通过系统审核，并不意味着卖家的品牌清仓活动一定能取得成功，下面对该活动进行详细分析，以便为参加品牌清仓活动的拼多多卖家提供有效帮助。

标题、主题及商品详情页优化，是拼多多卖家参加品牌清仓活动的重要基础，因为没能做好这一环节，很多卖家被拒之门外，还有部分卖家虽然通过系统审核，但因为该环节出现问题，而被大幅度压价，限制了卖家的利润空间。

◎ 报名品牌清仓前的几点注意事项

（1）严禁刷单。部分卖家抱有侥幸心理，想要通过刷单提高店铺流量，但拼多多严重打击刷单行为，其后台系统会对店铺交易进行实时监测，一旦发现商家刷单，涉及商品将会进入灰名单（持续时间1～3个月），商品不会出现在搜索结果，情节严重的刷单，会导致整个店铺被拉进灰名单。

（2）熟悉发货规则。在拼多多发货规则中，延迟发货、虚假发货行为会被罚款，而且禁止店铺商品参加各类活动。

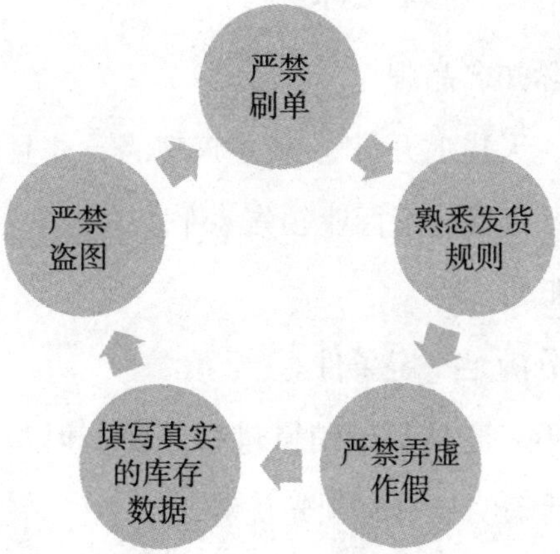

图 6 –3　报名品牌清仓前的几点注意事项

（3）严禁弄虚作假。电商卖家很容易出现的一个问题是对产品进行过度美化包装，导致标题、主图、商品详情页的信息和实际商品严重不符，如果因为系统抽检或用户举报被判定卖家弄虚作假，将会被平台罚款。

（4）填写真实的库存数据。虚报库存数据会给商家参加品牌清仓活动带来较大的风险，比如，当订单量超过实际库存量时，商家无法及时发货或选择虚假发货，都会被拼多多严厉惩罚。

（5）严禁盗图。商家被举报或系统监测到商家盗图时，也会被拼多多严厉惩罚。

◎ 拼多多品牌清仓门槛

（1）具备品牌授权的、有较强影响力的品牌。

（2）企业店铺。

（3）是商家的自有品牌，并且在吊牌、包装、主图、合格证上要印有品牌 logo，标题前面需要有品牌名。

◎ **拼多多品牌清仓报名要求**

（1）国内国际知名品牌。

（2）在京东、天猫上开设了官方旗舰店，并且描述相符，服务态度和物流服务评分要处于行业领先水平。

（3）全网最低价。

（4）店铺评分满足一定条件。

（5）原则上不对商品基础销量进行限制，但基础销量较高的产品参加品牌清仓活动明显具有领先优势。

◎ **品牌清仓频道各活动要求**

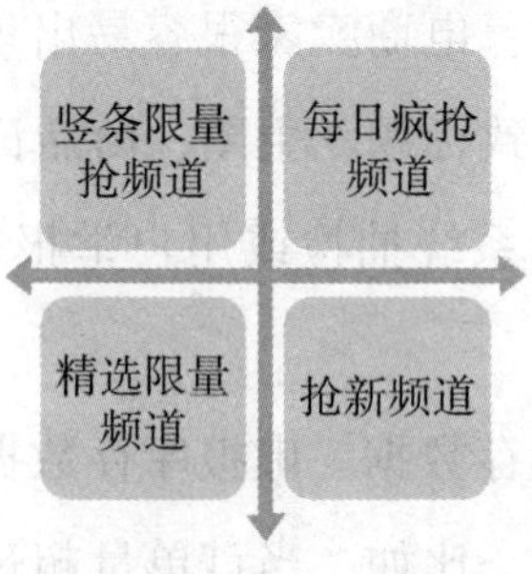

图6－4　品牌清仓频道里各活动要求

（1）竖条限量抢频道。老品牌才能参加，基础销量超过500件，具有较高性价比。

（2）每日疯抢频道。老品牌才能参加，备货不得低于100件，且三折出售。

（3）精选限量抢频道。老品牌才能参加，亏损额达到2.5万元，备货达600件以上，其中100件3折销售，500件5折销售，剩下按照6折销售，累计亏损额要达到2.5万元。

（4）抢新频道。除了新老品牌皆可参加外，其他条件和精选限量抢频道一致。

部分商家可能不清楚要如何亏损 2.5 万元，此处列举具体数字以便为拼多多商家提供借鉴。

亏损额 =（成本价 - 销售价）× 销售数量，比如，原价 50 元，成本价 35 元，打三折后是 15 元，销售 1 件亏损 20 元，100 件共计亏损 2000 元；打五折后是 25 元，销售 1 件亏损 10 元，500 件共计亏损 5000 元；打六折后是 30 元，销售 1 件亏损 5 元。由于三者累计亏损总额要达到 2.5 万元，六折商品亏损额 = 2.5 万元 - 0.7 万元 = 1.8 万元，其备货量必须达到 18000 ÷ 5 = 3600 件。

拼多多参加新品推荐活动的技巧

淘宝卖家入驻拼多多平台经常会考虑一个问题：如果商品在拼多多平台上的售价比淘宝低是否会引起淘宝客户的不满。事实上，淘宝卖家转战拼多多就是要达到这种效果。为了保证盈利，商家可以从原材料着手降低产品生产成本，但图片、款式要与淘宝保持一致，这样产品销量可以在短时间内得以大幅提升。在报名参加活动时，拼多多的客服人员对比淘宝同款链接之后会积极推荐商品参与活动。

有些商家在拼多多平台经营几十个店铺，形成了一个店铺群，但店铺的运营效果却不是很好。事实上，这种店群与淘宝店群一样适合做产品采集，不适合打造爆款。如果某店群产生了一个爆款，月销量超过了 1000，为防止产品销量暴跌要先将产品下架，降低转化。简单来说就是，店群要做全品动销，而不是常规爆款。

有的拼多多卖家按照常规思路经营新品，新品上架后先提升产品销量，然后再报名参加活动。现阶段，虽然新品活动测试阶段的流量越来越少，但这是一个非常有效的测款方法。商家通过新品活动测款，如果产品表现较好，商家就可以通过直通车进行推广，之后可以报名参加一些活动提升产品销量。一般来说，一款商品参加一两次活动就能得到不错的销量，所以即便商品参与活动可能发生亏损，但商家可以在活动结束后提升商品价格，实现微盈利。

商家参与活动的关键在于表现要好，只有如此才能获得平台客服的关照，下一次主动为自己分配活动资源。然后，商家可以不断地重复这个过程，通过引进新品、测款、让产品销量达到基础值、开通直通车等进行循环优化，保证店铺日订单量达到百单、千单。

综合来看，和淘宝店铺经营相比，拼多多店铺经营难度相对较低，在操作及技术方面几乎没有门槛，而且拼多多目前处于流量红利期，其直通车推广具有较高的性价比，如果卖家能够认真学习上述实用技巧并在经营实战中善于反思总结，将会获得相当可观的利润回报。

拼多多9.9特卖活动规则与技巧

不少拼多多商家都对9.9特卖活动寄予了很大的期望，这是因为9.9特卖活动能够扩大商家的流量基础。该活动撤销了对商品销量的要求，给新入驻平台的商家创造了更多发展机遇。但是许多新入驻平台的商家对拼多多的9.9特卖活动了解有限，在经营过程中会出现各种各样的问题。在这里，对拼多多的9.9特卖活动的运作规律进行分析，给商家提供一些建议与指导。

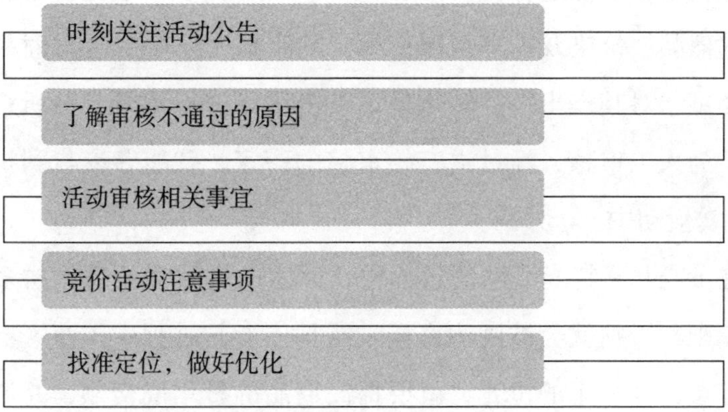

图 6－5　拼多多 9.9 特卖活动规则与技巧

◎ 时刻关注活动公告

只有及时了解平台发布的 9.9 特卖活动公告，才能参与到活动当中。在商家没有与平台运营人员保持联系的情况下，应该及时了解拼多多 9.9 特卖频道的动态。当商家的商品符合平台提出的要求时，应该抓紧时间报名申请。当然，这一切的前提都是随时关注拼多多的公告，及时抓住机会。

◎ 了解审核不通过的原因

很多商家报名参与了活动，但未通过审核。有些商家是因为对参与规则缺乏了解，在选品时缺乏理性，只关注那些当下热销的商品，却因为价格设置不合理，或者缺乏独有特色，最终没有过审；如果商家两次审核都没有成功，则无法参与此次 9.9 特卖活动，意味着商家在提报过程中忽略了拼多多的规则，除了羡慕其他竞争者在活动中赚取可观利润之外别无他法。在提报被否决后，商家应该总结失败的原因。

◎ 活动审核相关事宜

对于提报 9.9 特卖活动的商家，平台会根据其报名顺序依次实施审核，整个审核过程分为三轮：第一轮审核中，系统会重点考察商家的商品、价格及库存情况；第二轮审核中，平台会对商品实施曝光测试，对其产出率、转化率、点击率等进行记录与分析；第三轮审核为人工审核，经过这三轮审核的商家，就能够参与到拼多多9.9特卖活动中。

在参与9.9特卖活动的过程中，商家的运营需要遵循拼多多平台的原则，否则就会被淘汰出局。在具体参与过程中，商家要想在平台首页占据一定的位置，就要提高商品的日均成交额，并通过这种方式积累更多的流量，在与平台运营方对接时掌握更多的话语权。另外，商家应该注重推广工作，提高商品的点击率、转化率，从而使自身商品在特卖活动中的排名更靠前。

◎ **竞价活动注意事项**

拼多多会定期推出9.9特卖活动的竞价活动，除节假日之外，活动在每周三14点至17点之间开展，商家在确认自家商品与竞价商品一致后，应该积极参与竞价，并关注最终的结果。如果商家提交的商品信息与竞价商品之间存在差异，会被平台给以警告处分，若商家继续犯规，就要接受平台的严厉惩罚。

要想在竞价中获胜，不仅要控制好商品价格，还要保证自身的产品质量，展示自己在经营资质、产品销量方面的优势。另外，商家应该避免恶意竞价，在充分掌握自身具体情况的基础上进行参与，不然即便竞价成功，也难逃平台的处罚。

◎ **找准定位，做好优化**

商家在充分了解拼多多9.9特卖活动规则的同时，仍然要关注商品本身。在拼多多开展运营的商家，面临着激烈的同质化竞争，商家或者是从价格方面，或者是从选品方面体现自身的竞争优势。

因此，从这个角度来说，商家在参与9.9特卖活动时要注重选品，在测款之后综合考虑各个方面的数据信息，找到具备明显优势的商品参与活动，从而聚焦目标消费者的目光，推动整体的发展。

另外，商家要明确店铺及商品的定位，据此确定自身产品的卖点，与此同时，要不断优化服务体系，为消费者提供优质的服务，从而激发其消费需求，并逐步提高用户黏度。在具体实施过程中，商家要提前做好准备工作，如果在短期内出现订单激增的情况，也要提高发货效率，从而提高消费者的整体购物体验，树立自身的良好形象。

商家参与竞价活动的流程与技巧

拼多多平台的商家报名参加活动需要寄送样品，但有些时候，商家寄送了样品却被告知“样品未入库”，无法报名活动。为什么会出现这种情况呢？商家参与竞价活动要如何寄送样品呢？

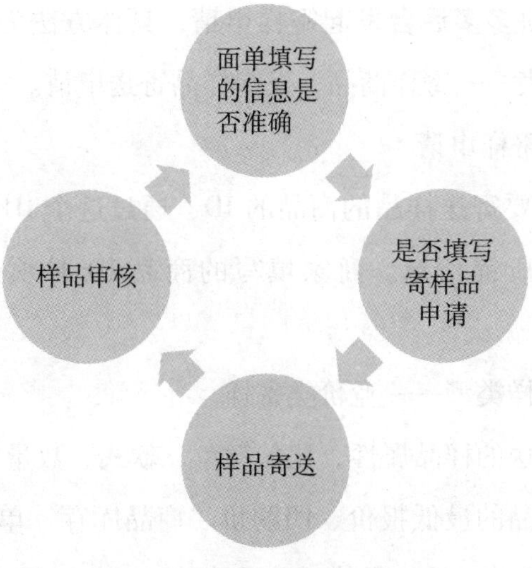

图6-6 商家参与竞价活动的流程与技巧

◎ **面单填写的信息是否准确**

商家寄送样品要正确填写面单信息，否则样品会被直接处理掉，无法正常入库。面单信息正确的填写方式：

收件人：竞价组

收件地址：上海市长宁区娄山关路533号金虹桥国际中心29楼

收发室电话：021－60950854

这三项信息必须完整、准确。

◎ **是否填写寄样品申请**

商家将样品寄出后要在后台填写“寄样品申请”，否则样品组会将收到的样品视为未知包裹处理，样品无法顺利入库，商家也无法参加任何活动。

◎ **样品寄送流程**

（1）发起寄样申请

商家可在拼多多后台发起寄样申请，具体方法为：点击管理后台——商品列表——寄样商品，发起样品寄送申请。

（2）填写寄样申请

★ 填写需要寄送样品的商品的ID，通过这个ID可查询到对应的商品信息和店铺信息。商家填写的商品ID必须是自己店铺的商品。

★ 选择寄样类型——竞价类寄样。

★ 填写寄送的样品属性，比如颜色、款式、数量等。

★ 填写商品的最低报价、团购价、商品库存、单人价，如果商品参加了某些活动，要将具体活动写清楚。

★ 填写真实有效的电话信息，以便平台可以随时联系到商家。

★ 填写正确的运单号，以便平台找到寄样记录，保证寄样进度。

这里需要注意一点：在提交寄样申请之前，商家必须认真阅读《寄样协议》。

首先，商家要勾选“已阅读并同意以上协议”，然后才能点击“提交申请”。成功提交寄样申请之后，平台会在收到样品的第一时间处理申请。

其次，商家提交寄样申请之后可能会看到以下几种反馈：待寄样、已入库、已驳回、平台处理中、未收到货、已清理。其中，待寄样、已驳回、未收到货这三种反馈需要商家处理，处理方式参照寄样商品页面的提示。

◎ **样品审核流程**

（1）样品被签收后的 2 个工作日内，样品寄送结果会在后台显示出来，商家可自行查看。商家必须在样品被签收前发起寄样申请，否则样品很有可能被视为未知包裹处理。

（2）竞价活动截止日当天收到的样品因无法及时查看、入库、确认，所以平台会驳回商家的活动申请，邀请商家参加下一次竞价活动。

（3）如果样品寄样状态显示为“已驳回”“未收到货”，商家就要对驳回原因、快递信息进行查询；如果寄样状态显示为“已入库”，就表示样品寄送成功。

（4）如果寄样类型相同，商家可同时寄送多件样品，但寄样申请要分别填写，快递单号可以统一填写；如果寄样类型不同，商家就要分别寄送样品。

◎ 注意事项

（1）样品寄出之前要认真核对样品信息，保证寄送的样品符合店铺的商品描述，以免因违反《拼多多商家所售商品货不对版的认定和处理规则》导致样品寄送失败。

（2）认真填写寄样单，以免因信息填写错误导致样品来源无法核实，对样品的后续处理造成不良影响。

样品寄送需要商家有足够的耐心，注意细节，以免因一两个小错误导致样品寄送失败，造成时间、金钱与精力的极大浪费。

如何提升报名首页竞价活动成功率

拼多多的首页资源位要考核商家在各个资源位上的表现，只有表现成绩优异，且通过严格考核才能登上首页资源位。当然，商家登上首页资源位还有一个捷径，就是参与首页竞价活动。因为拼多多的首页竞价活动面向所有商家开放，所以竞争比较激烈。为了提升自己报名成功的概率，商家必须了解以下四点信息。

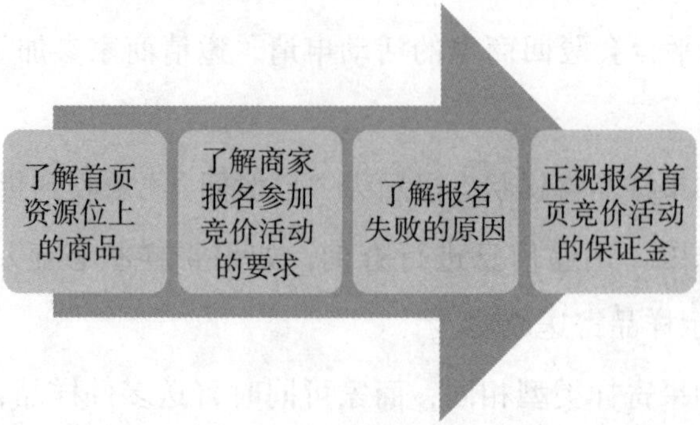

图6-7 如何提升报名首页竞价活动成功率

◎ **了解首页资源位上的商品**

“知己知彼，百战不殆”，在与他人竞争首页资源位的过程中，商家要提前了解竞品信息，如果商家能做到价格更低，且能提前寄出样品，就能在很大程度上提升自己报名参加首页竞价活动的成功率。

◎ **了解商家报名参加竞价活动的要求**

拼多多平台的商家报名参加首页竞价活动必须满足以下三点要求：第一，店铺评分满足所在类目 DSR 评分的最低要求；第二，已缴纳店铺保证金和活动保证金；第三，店铺退款率在 10% 以下，介入率在 3% 以下，没有受到过店铺惩罚。

同时，报名竞价活动的商品也要满足三点要求：第一，商品处于正常上架状态；第二，商品历史成交总额不低于 5000 元；第三，商品评分满足所在类目 DSP 评分的最低要求。

一般情况下，拼多多首页竞价活动一周举行两次，一次是周一19：00 ~ 周二 11：00，一次是周四 19：00 ~ 周五 11：00。活动分四步进行，一是店铺报名，二是选择商品，三是提报竞价，四是再次报价。这里需要注意一点，店铺报名成功并不意味着成功参加活动。报名时，商家不能在降价幅度中填写报价，以免报名失败。

◎ **了解报名失败的原因**

报名首页竞价审核没有通过就表示报名失败，失败的原因大概有以下几种：商品款式与标的商品不同；样品获取失败，没能成功入库；经过对比，相较于标的商品来说，竞价商品的质量较差；商品处在惩罚、下架状态；标的商品已不在首页等。这些都是一些比较常见的原因，商家可以参照这些原因找到自己报名失败的真正原因，切忌再犯同样的错误。

◎ **正视报名首页竞价活动的保证金**

拼多多收取活动保证金是为了约束商家，以免商家随意出价、虚报库存，使其他商家的权益受损。商家为报名首页竞价活动缴纳的保证金可以取出，一般来讲，商家报名首页竞价活动需缴纳 5000 元以上的保证金，保证金缴纳 15 天后可全额自助解冻到可提现余额。如果商家在报名首页竞价活动的同时还参与了秒杀、名品折扣、品牌清仓等活动，就要根据这三类活动的参与情况确定解冻时间。如果商家的一切操作都符合平台规定，保证金可以提取，商家无须担心。

6.3 拼多多店铺物流发货问题及操作方法

拼多多平台对快递物流产生的影响

从快递公司的角度来分析，联手拼多多既是机遇，也是挑战。

优势：拓展了快递公司的业务来源渠道，能够减少企业对单一客户的依赖程度，降低企业在发展过程中承担的风险。

快递公司在发展过程中需要不断提升自身的盈利能力，为此，除了与特定客户达成长期合作关系之外，还要开拓新的客户来源。之前，天猫、淘宝平台的商家是快递公司的主导客户，隶属阿里的菜鸟网络掌握着企业的运营数据，难免会束缚快递公司的发展。在这种模式下，快递公司对阿里平台的依赖性很强。通过与拼多多合作，快递公司能够开拓新的客户，避免客户过于集中，能够进一步完善自身的合作体系，进一步优化自身运营，拓宽业务合作范围，与电商平台达成共赢局面，向更加健康、稳定的方向发展。

缺陷：平台出现风险后会波及快递公司，如果采用月结款方式，一旦商家不守信用，则会给快递公司造成损失。

对拼多多的发展历程进行分析不难发现，拼多多的流量体系并不是依靠阿里电商体系建立起来的，该平台在初始发展阶段主要通过社交平台的运营积累用户，包括运营微信群、鼓励用户向好友推荐等。发展到一定阶段后实践了用户引流模式，迅速聚集了大批粉丝。举例来说，平台推出“0 元起购某行李箱”活动，该产品在拼多多的定价为 200 元，用户需邀请 50 到 100 个人参与砍价，新用户的砍价力度要高于老用户。到淘宝平台搜索同款商品能够发现，该产品的均价在 70 元左右，也就是说，平台的广告费仅为人均 7 毛钱甚至更低。

然而，采用拼团、用户引流等模式聚集的用户群体，还不是平台的高黏度用户，容易出现用户大规模流失的现象，使商家面临较大的风险。当商家无法解决这个问题时，就有可能失信跑路。

不少消费者都表示，拼多多平台快递物流应该进一步提升营运效率，但快递公司则表示他们已经尽力了。平多多设置了标准很高的罚款机制，按照规定，快递公司在订单发货之后的 24 小时内就要在后台显示物流信息。但因该平台采用拼团模式，经常会出现包裹集中寄送的现象。而有些地区的快递服务站点缺乏相应的物流资源、人员，无法迅速完成包裹发送，也就不能在规定时间里提交物流信息，就要接受平台的严厉处罚。所以说，对快递公司而言，拼多多既给他们带来了机遇，也给他们带来了挑战。

进入 2017 年后，快递行业的发展增速有所下降。与此同时，传统电商平台的增速也越来越接近最大值。拼多多定位于低端消费群体，这类群体的总体规模较大，其消费行为给快递公司带来了巨大的业务量。但拼多多平台要求快递公司能够及时发货、迅速反应。所以，快递企业要科学分析自身的实力情况，据此决定是否通过拼多多开拓客户来源。

店铺商家发货跟进问题及解决方法

目前，不少拼多多商家按照订单信息发货后，在物流环节的运营都不顺畅，以至于最终被平台判定虚假发货，只能接受平台处罚。如果商家能够做好跟进工作，很多发货问题是不会出现的。但现实情况并非如此，在这里对拼多多商家在物流环节出现的问题进行逐一分析，为商家解决这些问题提供建议。

◎ 商家发货后在物流环节面临的问题

（1）商家在发货后需持续了解物流运输进度，否则就可能被平台判定为虚假发货。

（2）尽管商家承诺 48 小时发货，但很多消费者都希望商家能够提高发货效率，在下单后不断催促，部分消费者还会通过投诉方式表示自己对物流的不满。

（3）物流环节运营不畅，平台迟迟不提供新的物流动态，不断消耗消费者的耐心，导致他们申请退款，撤销交易。

◎ 关于发货及发货后跟进问题

对于商家承诺 48 小时发货这一条，如果直接向消费者说明，通常会引起他们的不满，因为要等待两天才能发货未免时间过长，事实上，大部分商品都会在 24 小时之内发货，但具体时间无法确定，商家无法做出明确的保证，否则在承诺时间内未发货，会导致消费者投诉，在这种情况下，商家应该向消费者表明自己认真对待订单的态度，避免消费者不断催促物流。

对于虚假发货的判定，拼多多的规则是什么？

虚假发货包括但不限于以下情形：

（1）商家上传商品物流单号的 24 小时内，该物流单号在相应物流公司官网没有物流信息；

（2）商家上传的物流单号，在相应物流公司官网出现首条物流信息后的24小时内没有后续的物流信息更新；

（3）商家上传的商品物流单号，在相应物流公司官网出现首条物流信息至首个分拨中心（由各物流公司指定的，具有存储、分拣、集散、转运功能的集货地点，每日交接所管辖区域内所有站点的揽收包裹，名称可能为“分拨中心”“转运中心”“中转站”等）发出的时间间隔：普通地区超过48小时，偏远地区超过72小时，极偏远地区超过120小时（地区划分详见《拼多多发货规则实施细则》）；

（4）商家上传的商品物流单号，在相应物流公司官网存在异常、重复物流信息；

（5）商家上传的商品物流单号对应的物流轨迹与消费者订单显示的收货地址不符；

（6）其他订单物流信息异常或者消费者在商家发货后合理期限内未实际收到所购商品的情形。

商家要尤其关注第一点与第二点，如果在这两个环节出现差错，就很可能被平台判定为虚假发货，面临严格的处罚。在这里对这两点进行详细的分析与探讨：

一定要确保发货24小时内上传揽件信息，不能出现丝毫差错。要确定揽件后再向后台上传单号，而不是抱着侥幸心理，或者为了安抚消费者提前上传，却因为后期物流运营不畅，导致信息更新不及时。

部分商家会在发货之后，看到平台显示的物流信息，再提交单号。这种方式相对而言比较保险，但也可能出现如下问题：在商家未上传单号时，有的消费者会要求平台退款，因为平台没有接收到单号，难以确定商家的发货进度，通常会同意消费者的退款信息，就会造成商品已经发货，但却退款的情况。

◎ **如何解决这个问题**

商家从后台下载订单报表之后，即向平台表明自己正在准备发货，在这种情况下，消费者与平台沟通相关问题时，平台会让商家与消费者对接。

立足于时间角度来分析，商家在发货时要注重三个方面的问题：

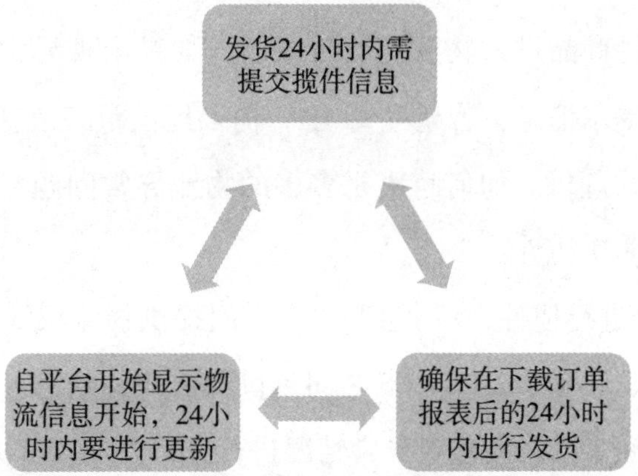

图 6-8　商家发货时要注重的三个问题

（1）发货 24 小时内需提交揽件信息；

（2）确保在下载订单报表后的 24 小时内进行发货；

（3）自平台开始显示物流信息开始，24 小时内要进行更新。

商家需参照上文中提及的时间要求，在下载订单报表之后、平台显示物流揽件之前，向后台提交单号信息。与此同时，要在承诺发货时间即消费者下单后 48 小时内向后台上传单号，保证及时发货。

在规划发货时间时，建议商家依据实际情况制定具体的发货时间图，清晰列出各个环节的操作步骤，确保计算准确，运行无误。

商家要谨记：即便是延迟发货，也要保持原定计划开展运营，而不能被平台判定为虚假发货，因为平台对延迟发货的处罚规定是，每单罚 3 元，但出现虚假发货问题后，商家需缴纳高额罚款。

店铺商家发货后物流异常解决方法

拼多多的商品进入物流运营阶段后，如果出现异常情况，系统通常会发出提示信息，若超过 24 小时仍未提供跟踪信息，相关人员就会面临罚款危机。如何解决拼多多的物流异常问题？拼多多一天之内会进行两次揽件：

在 12 点进行揽件，15 点到 18 点之间提供物流跟踪信息；在 21 点进行揽件，23 点到凌晨 1 点之间提供物流跟踪信息。明确跟踪信息提供的时间表后，就能对异常情况进行分析并加以解决。

举例来说，对于消费者早上 6 点下的订单，商家可以在 14 点发布发货信息，在 18 点之前发布物流跟踪信息；对于消费者 15 点下的订单，商家可以在 22 点发货，在次日 1 点之前发布物流跟踪信息。

如果产品在物流运营过程中出现异常，商家应该及时到物流官网，对物流信息更新情况进行核实，确认是否存在包裹丢失、揽件不到位的问题，并把问题反映给物流公司，排除虚假发货的嫌疑。之后还要主动与消费者沟通，避免消费者因此问题失去信任，申请退款，撤回双方之间的交易。

◎ **有哪些异常情况**

什么是虚假发货？具体而言，就是商家给拼多多后台提供了商品物流单号，然而其物流信息并未及时呈现出来，或者是商家提供了商品物流单号之后，消费者苦苦等待商品到达，但已经超过合理期限却仍未送达。具体情形如以下三种：

（1）商家向平台提交了商品物流单号的 24 小时内：

★ 物流信息为空白：到物流公司官网查不到此物流单号的物流信息；

★ 物流信息更新超过 24 小时：物流企业虽然提供了揽件信息，但接下来的 24 小时并未提供具体物流运作情况；

★ 虽然可以在物流公司官网查到揽件信息，但也只是重复提供揽件信息。

（2）商家提交了商品的物流单号，但其物流运行路线，与消费者的收货地址之间相互矛盾。

比如，消费者在山东省，商家从北京发货，物流追踪信息却显示在向东北移动，不符合消费者的收货地址。

（3）存在其他物流异常情况，或者商品发货已经超过合理期限，但仍然未到达消费者手中。

比如，消费者在山东省，商家从北京发货，正常情况下，商品在三天之内就能到达消费者手中，但一周后消费者仍然在等待。

如果商品在物流过程中出现问题，且官方平台查不到物流信息，要及时与物流公司进行沟通，了解具体的情况并解决相关问题，否则就会面临被平台处罚的危险。

拼多多平台上的很多卖家都会遇到物流异常情况，那么，物流异常情况应如何界定？遇到物流异常卖家应如何处理呢？

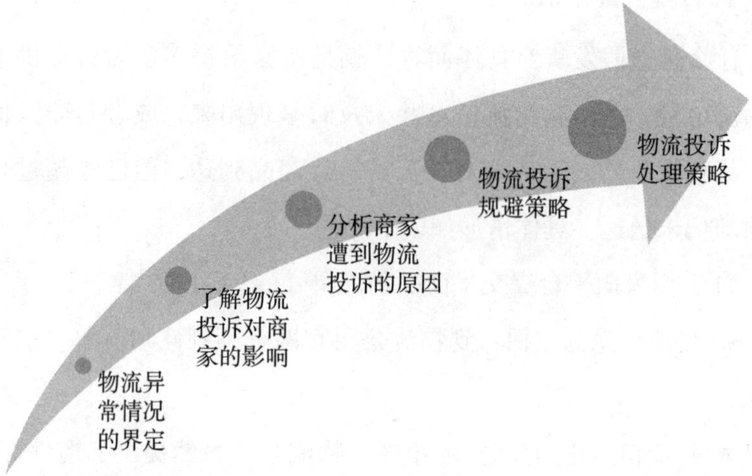

图6-9　物流异常界定及处理策略

（1）物流异常情况的界定

★ 近30天物流服务异常率＝近30天物流服务异常订单数/（近30天物流服务异常订单数×100＋近30天店铺成团订单数）

★ 近30天物流服务异常订单数：近30天虚假发货或物流服务遭到消费者投诉的订单数。

在拼多多平台，如果店铺的物流服务异常率与物流服务异常订单数都持续高于5倍类目均值，就会受到店铺二级处罚，且店铺商品都要被降权。

（2）物流投诉对商家的影响

遭到物流投诉，商家首先要验证自己的商品是否正常发货，如果商品已经按时发出，且能查询到物流信息，买家的物流投诉就不会给商家造成太大影响。但如果这类投诉过多，店铺信誉、服务指标考核都会受到不良影响。

（3）商家遭到物流投诉的原因

原因一：商家没有按时发货。所有买家都希望能在最短时间内收到商品，希望卖家能尽快发货，所以如果商家没有按时发货，自然会受到买家的物流投诉。

原因二：物流公司的问题，比如物流公司延迟发货、丢失包裹等，导致商品没能及时送到消费者手中。在这种情况下，买家会归咎于卖家，因为物流是卖家选择的。

（4）如何避免物流投诉

首先，商家要按时发货，甚至可以先发货，等看到物流信息之后再导入单号。如果商家采用这种方法，要及时告知买家发货信息及物流配送所需时间，以免买家没有收到货物对商家进行物流投诉。

其次，商家要合理选择物流公司，及时更新物流信息，从而降低受到物流投诉的概率。

（5）如何处理物流投诉

受到物流投诉后，商家要及时查看物流信息，确认物流公司是否丢失了快件，或者揽件时遗漏了快件，确认之后及时与物流公司沟通，以免被平台判定为虚假发货。之后，商家要及时与买家沟通，向其说明情况及问题处理方案，得到买家的谅解，以免买家申请退款。

店铺商家避免虚假发货的操作技巧

在拼多多平台中，如果被平台系统判定为虚假发货，不但要缴纳一定的罚款，对店铺形象也会产生较大的负面影响。拼多多对虚假发货卖家罚款是按订单量计算的，很多新手卖家可能认为这种罚款仅是做做样子，不会造成太大损失，但事实并非如此，客单价较低、订单量较高是拼多多的典型特征，如果一家店铺有1000单被判定为虚假发货，需要缴纳的罚款可能会达到几万元，这对新手卖家会是极大的打击。所以，通过学习以下技巧来避免出现虚假发货问题是很有必要的。

◎ 避免过早上传快递单号

部分卖家为了向客户展示店铺订单处理的高效率，而过早上传快递单号，结果因为物流方问题，导致订单信息延迟更新，客户向平台投诉卖家虚假发货，给卖家带来经济损失。事实上，拼多多平台规定的发货时间是48小时以内，商家只需要在这段时间内点击发货即可，不必冒着被投诉虚假发货的风险过早上传快递单号。

◎ 出现快递单号上传错误问题时，要在24小时更新

遇到这类情况时，卖家要谨记只有在24小时内更新才有效，如果没有在该时间内更新，即便向平台申诉也会被判定为虚假发货，平台会以站内信的形式为卖家提供相关信息，所以，卖家要随时关注站内信信息，当然，如果卖家在24小时内更新了信息，但平台仍判定卖家虚假发货，此时向平台申诉往往可以有效解决问题。

◎ 定期清点库存，避免活动过程中出现缺货、断货问题

在拼多多平台中，参加活动的商品销量可能会比平时的销量高出数倍，如果备货不足，部分卖家为了避免因为48小时内未能及时发货而被平台惩罚选择虚假发货，但拼多多的后台系统可以对虚假发货快速精准识别，卖家仍要遭受惩罚。所以，定期清点库存，为参加活动的商品准备充足的货源就成为关键所在。

◎ 仓库发货人员要优先处理50单以下的订单

这类订单数量较少，容易被忽视，如果不对其优先处理，很可能会出现漏扫、未揽件、丢件等问题，从而被系统判定为虚假发货。有些订单数量较大，一天内可能无法处理完，此时，仓库发货人员要对这些未能处理完的订单进行标记，第二天工作时，优先处理这些订单，避免因为处理当日订单而导致这些订单发货延迟。

◎ 拼多多卖家要和快递公司保持实时沟通

卖家和快递公司的合作通常是双方约定一个固定时间点，因为快递公司一天要为多个客户服务，所以，只能处理该时间点之前卖家积累的订单，如果遇到突发状况，比如订单量突然大幅度增加时，卖家要和快递公司及时沟通，提醒其分配更多的人力、物力处理，避免因为沟通不畅导致卖家点了发货后，包裹却没有被快递公司揽收。

◎ 使用快递跟踪软件

快递跟踪软件可以实现快件的批量自动查询，自动对快递单号进行扫描，并检测异常件，帮助卖家有效降低虚假发货出现的概率。

第 7 章

爆款运营：

拼多多商家爆品打造实战

7.1 拼多多商家打造爆品的运营实战攻略

前期准备：做好选款、测款工作

拼多多平台上的经营者来自各行各业，包括创业者、兼职人员、家庭主妇等，所有参与者都希望能够在经营中获利。入驻拼多多的门槛并不高，但在具体运营过程中要克服诸多阻力，比如要进行选款、测款，还要打造爆款等。选择打造爆款的拼多多商家，要做好充分的准备，为后期的商品运营打下良好的基础。

在进行选款时，首先要明确平台定位，还要了解平台的用户群体特征，找出符合平台本身和用户群体特征的产品。有人认为，在拼多多开店并不难，只需到其他电商平台搜索一下爆款产品，放到拼多多平台进行运营即可。尽管这种操作模式比较简单，但并未顾及平台本身的特性，也无法准确对接该平台的目标用户群体，也就无法在拼多多平台达到预期的运营效果。如果商家本身缺乏经验，可以借助辅助软件对拼多多的商品定价、流行款式等进行了解。当然，这也只是提供一种参考，不能单纯依赖辅助工具的分析结果来决定自身的商品运营策略。

选款之后进要行测款，即进行早期的产品测试，对该产品是否适合打造爆款进行初步判断，这个环节要注重对消费者反馈信息的收集与分析。在具体实施过程中，应该对产品款式的相关数据进行获取，具体包括产品的销量、点击数量、收藏数量等。要在一定周期内进行数据获取与分析，如果商家预算有限，也可以延长测款周期。

若商家已经在拼多多拥有一定的运营历史，则可将老客户作为测款对象。比如，产品点击率下降，有可能是主图效果不好；转化率太低，可能是详情页存在不足等，商家要逐一进行分析与探究。

除此之外，还可借助拼多多直通车进行测款，这种方式能够获得产品各个方面的数据内容，包括竞争者的商品销售情况，如果其销售情况良好，则表示该产品拥有广阔的市场。在选词时，要尽量选用能够准确表述商品特性的长尾词，而不是笼统的大词。为了获取准确、全面的数据信息，应该对商品进行逐一测款，测款周期以一周为宜，若时间太短则无法保证数据的有效性。

完成商品测款后，应该对数据进行分析，查看商品信息的点击率与转化效果。若点击率较低，转化效果不理想，则应该考虑以下几个方面：商品标题选用或主图是否得当；商品详情页的设计是否存在问题。在后续运营中对这些因素进行调整，然后决定该商品是否适合作为爆款推出，如果商品本身的潜力不大，则无须投入大量成本进行爆款打造。

店铺运营人员只有注重产品的选款工作，才能保证最终的销量。在具体操作过程中，可以对自身的产品销量排行榜、竞争对手的排行榜、热卖款等进行分析研究，综合考虑后确定自身的主打款产品。

在搜索时，应该进入到 TOP 排行榜，找到与自身需求一致的产品类目，再找到销量热门排行榜，然后锁定位居销量榜首的款式，对比分析同类型款式的用户反馈、销售情况，在确认没有问题后，就可在店铺推出。

选品策略：选择合适的商品类目

目前，很多电商都进驻拼多多，尤其是京东、天猫等亟须处理库存的卖家，因为虽然拼多多平台上的商品客单价低，但销量很高，非常适合低价甩卖。在这个过程中，有些卖家打造了一些爆款产品，但至于这些爆款是如何产生的，卖家一无所知，所以也经常出现商品销量突然暴涨、突然下滑的现象。要想稳定爆款销量，商家必须掌握一些爆款运营策略。

◎ 选品定位

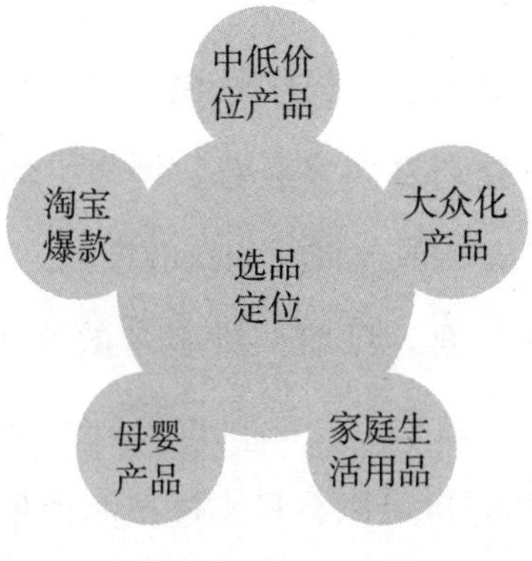

图 7－1 拼多多商家爆款运营选品定位

（1）中低价位的产品。拼多多用户以三四线城市居民为主，这类群体对价格较为敏感，热衷于购买具有较高性价比的产品。拼多多卖家可以尝试寻找一些淘宝等电商平台的爆款产品并用更低的价格来快速吸引用户。

（2）大众化产品。受众范围广的品类，有助于提高拼团成功率，达成更高的交易购买，服装、食品、母婴、家居日用品等都是典型代表。

（3）家庭生活用品。家庭生活用品是高频、刚需产品，一旦得到消费者认可，往往具有较高的复购率，可以给拼多多卖家持续带来庞大流量。

（4）母婴产品。在拼多多活跃用户群体中，女性群体占据较高的比重，而这些女性群体很多是妈妈群体，尿不湿等母婴用品在拼多多用户中颇受欢迎。

（5）淘宝爆款。淘宝中的爆款产品往往也是高性价比产品，拼多多卖家可以结合自身掌握的渠道资源，在拼多多上以更低的价格售卖淘宝爆款产品。

◎ 选品策略

在产品选择方面卖家总有很多顾虑，担心产品销量不好。事实上，任何产品都可以放到拼多多经营、销售，但要想打造爆款就必须找到与平台发展方向、平台特性相符的产品。

首先，在客单价方面。目前，拼多多的客单价在 50 ~ 60 元左右，所以要想提升产品销量，产品售价最好在 50 ~ 60 元或者以下。产品售价高于 50 ~ 60 元也可以，只不过产品销量就很难提升了。

其次，在产品类目方面。一般来讲，生活家居用品、母婴类商品、服饰鞋包等类目的商品比较容易产生爆款。比如，某卖家在拼多多平台销售美妆产品，产品销量一直平平，后来该卖家放弃美妆产品，转而经营饰品，一星期内日订单量就达到了 500 单。所以要想打造爆款，商家就要选择合适的类目。

最后，在平台竞争方面。那些还未在拼多多平台出现的淘宝爆款商品极有可能成为爆品，所以拼多多平台的卖家可以直接选择淘宝平台上的爆品进行运营。如果卖家能找到这些商品，就有可能得到拼多多平台的资源支持，进而打造爆款。

流程实战：制定完善的爆款方案

（1）定位。科学合理的定位是拼多多店铺取得成功的关键所在。从诸多实践案例来看，拼多多卖家在定位方面尤其需要做好用户定位、市场定位及店铺调性定位。

（2）测款。未进行测款就直接储备大量新款产品的做法是相当不明智的，常见的测款方法主要包括三种：活动、直通车及忠实顾客。如果是新手卖家，可以先学习经营业绩良好的卖家的款式选择，随着自身经验及技巧的逐渐积累再自主选款并测款。

（3）选款。选款需要结合定位来开展，要尽可能地提供满足目标用户需求的产品，同时考虑店铺的盈利诉求，简单地说就是既要有引流产品，也要有利润产品。通常的选款策略是主打一两款产品，其他产品作为对比，以及满足小众用户的个性化需求。

（4）标题优化。很多卖家对标题优化往往缺乏足够的重视，简单地填写几个关键词后就不再优化，在店铺经营业绩不佳时，又花费大量时间与精力查找问题所在，结果发现是标题关键词问题。事实上，标题关键词优化永无止境，消费需求与市场环境处于动态变化之中，拼多多商家要结合市场潮流对标题关键词进行不断完善。

（5）产品主图。主图效果能够对用户的行为产生重要的引导作用，如果主图清晰、富有吸引力则会吸引用户点击查看。为了进一步提高消费者的关注度，应该注重对背景颜色、产品颜色的选择，通过与专业模特合作，充分展示产品的独特优势。

（6）上架分类。要避免出现产品分类错误的情况，才能给后续运营做好准备。另外，可以对产品进行不同分类时，应该采用竞争相对较小的分类方式。

（7）热搜词。采用热搜词可以提高产品被搜索到的概率，从而增加店铺的流量所得。此外，还应该使用精确的长尾词，因为长尾词的成功应用能够有效促进用户的转化，带动产品的销售。

（8）合理定价。合理定价并非是指不断压低产品价格，导致企业无利可获。比较科学的方法是，参考同类平台的同类型产品，将拼多多的产品与这些产品进行对比分析，根据自身产品的优势、质量情况，科学设定产品价格。

（9）优质服务。服务是影响用户购物体验的一个重要环节，虽然拼多多的大部分商品是用低价吸引用户，但也不能因此而忽略服务，高水平的服务可以拉近顾客和拼多多商家之间的距离，更容易使顾客对商家建立信任关系，当然，高水平服务主要是通过各类细节来呈现的，比如，及时回复顾客留言、在包裹中加入小礼品等。

（10）活动。通常情况下，符合平台规定的产品才能参与拼多多活动。不过，如果是上新产品，受到的限制就会少一些，可以参与平台的新品推荐活动，实现产品信息的广泛触达。拼多多商家首先需要了解各类活动的报名要求及活动内容，在参加活动前要进行一系列的准备工作，比如，需求预测、引流造势、库存储备等。需要指出的是，参加活动的产品必须确保有较高的质量，可以不赚钱或略微亏损。活动能为店铺带来庞大的销量，但必须保障产品质量，如果质量不合格，店铺的描述相符、服务态度、物流服务评分可能会明显下滑，从而给店铺的长期稳定发展带来较大的负面影响。

（11）持续上新。店铺要持续上新，因为拼多多平台对上新多的店铺给予更多的流量支持，但上新不能盲目追求速度与数量，要保持相对稳定的频率，上新频率过高，容易造成库存积压及用户感官疲劳；上新频率过低，容易造成用户大规模流失。

（12）坚持。在竞争环境愈发激烈复杂的背景下，没有长期的坚持，创业者及企业是很难取得成功的，拼多多店铺经营亦是如此，在发展初期，店铺经营可能会遇到各种各样的问题，而随着不断积累与沉淀，商家掌握的运营经验和技巧会持续增长，各种运营问题也将迎刃而解。

流量运营：有效提升店铺成交量

在淘宝等电商平台流量成本及店铺运营成本不断攀升的背景下，迅猛增长的拼多多受到了诸多创业者及企业的关注，很多中小电商卖家纷纷向拼多多转移，但拼多多的平台规则及玩法和淘宝等电商平台存在明显差异，想要在拼多多上做好经营工作，必须掌握一系列的实战技巧。

◎ 获取基础流量

（1）选择少量款式，为其制定合适的价格，引导用户提供正面评价。

（2）对主图持续进行优化完善。

（3）参加新品活动，拼多多的新品活动没有对产品基础销量设置限制条件，对新开店的卖家十分友好。

（4）利用拼多多直通车进行推广。初期，为了控制成本，卖家可以每天投入少量的资金进行测试，逐渐掌握对关键词、详情页等各类细节的优化技巧后，再投入更高的成本。

◎ **流量获取成本及渠道**

之所以越来越多的卖家进驻拼多多平台，就是因为拼多多平台有大量流量，且流量获取成本较低。拼多多平台的平均点击单价成本不到1元，哪怕刚开始出价2元、3元，最终通过优化成本也会控制在1元以内。

优化方法为：卖家让自己商品的点击量、点击率持续3～5天递增，数据达到标准就停止计划，数据达不到标准就通过淘星仔发布任务，让数据保持递增，以降低点击单价。

拼多多有三大流量渠道：一是搜索流量，二是直通车推广流量，三是活动流量。以搜索流量为例，因为拼多多平台的社交属性，前期，商家通过微信分享可以非常容易地获取流量，达成交易。前期产品的权重与销量是拼多多当下最紧要的需求，随着产品产值达到一定规模，商家可以通过关键词、直通车达成交易以提升权重。

所以，商家销量排名裹足不前的主要原因就是商品产值、销量没有提升，但商家不能为了提升产品销量刷单，因为刷单会产生异常数据，而这些数据会被拼多多系统检测出来，导致单品权重被取消。在这种情况下，商家可以尝试设置新链接或者引进新产品。

参加新品活动是拼多多卖家低成本引流的一个重要途径，报名新品活动时，必须要注意以下几点：

（1）拼多多规定卖家参加新品活动不可使用区间价格。

（2）提供淘宝同款产品链接可以提高审核成功率，但要求价格必须低于淘宝同款。

（3）24 小时内卖家只能为一个款式报名。

销售策略：有效提升店铺利润率

在拼多多平台上，尽管有些商品的售价比较低，但其利润率仍然比较高，典型代表如保养品、化妆品等，这类产品的成本通常比较低，所以售价较低也有利可图。这是拼多多能够实现商品低价但仍然能够盈利的重要原因之一。

◎ 引导多买

有些产品销量少利润也就小，但销量多了利润也会随之增加。比如纸巾一类的产品。每包一块多钱的纸巾利润空间非常有限，即便是一大包中有 8 个独立小包，邮费也要扣掉相当一部分。但如果一次性销售几大包，利润就比较可观了。这是由于快递公司会以产品重量为标准收取费用，只要不超过三公斤，都采用统一的价格。在这种情况下，如果能够提高单个消费者的购买数量，就能获取更多利润，对于纸巾类的产品，消费者囤货的现象也比较常见。

◎ 套餐式盈利

很多消费者到肯德基、麦当劳等快餐店消费时，都习惯于购买套餐，认为套餐的总价比单点更划算。其实，套餐能够带给商家更多的利润，原因在于，套餐能够提高客单价，而且通常包含了一些利润率较高的单品。比如，肯德基的薯条和可乐利润很高，换句话说，商家只要适当降低薯条和可乐的利润即可，最终依然能够获得大量利润。

比如，套餐中的薯条、可乐的利润率分别为 70%、80%，此外还有两类单品的利润率分布为 40%、50%。即便商家在薯条、可乐两种商品上有所让利，但最终的总体利润仍高于40%。由此可见，商家可通过推出套餐商品来获取更多的利润。

商家可尝试用关联产品组成套餐，比如，销售电脑键盘时，套餐中可包含鼠标、鼠标垫、U盘等商品。实际上很多商品是消费者用不到的，但仍然会让消费者觉得套餐比单买更加实惠，进而刺激其消费需求。拼多多商家可以通过将消耗品组合在一起的方式获取更多利润。

举例来说，商家销售拖把时，可以搭配用以替换的拖把头，或者扫把。销售沙发时，搭配椅子垫，销售充电宝时搭配手机支架，销售垃圾桶搭配垃圾袋，销售签字笔搭配替换笔芯等。

具体而言，买垃圾桶可以免费送20袋垃圾袋或30袋垃圾袋，买签字笔可以搭配10支替芯或20支替芯。对于日常消耗类商品，如果商家能够做好搭配工作，就会吸引更多消费者前来购买，因为这种经营方式会让消费者感觉自己节省了很多成本。

7.2 拼多多店铺的引流、转化与变现技巧

拼多多店铺提高销量的实战策略

以下策略是提高拼多多店铺销量的有效方式：

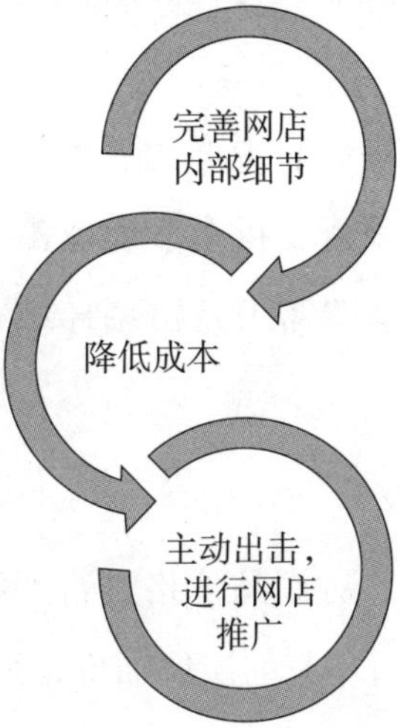

图7－2　拼多多店铺提高销量的实战策略

◎ 完善网店内部细节

提高店铺吸引力，延长用户在店铺中的停留时间，是提高店铺

销量的重要基础。如果网店内部规划异常杂乱，就算通过低价、领红包等方式为门店带来了大量流量，转化率也会相当惨淡，因为用户会认为店铺装修都没能做好，又怎么可能提供优质商品及服务呢？具体而言，完善网店内部细节应该从以下几个方面着手：

（1）网店装修设计规划。装修设计合理的网店会营造出一种条理分明、层次清晰的良好氛围，如果能够结合目标用户群体特性，为网店设计独特的风格，和竞争对手实现差异化竞争，对提高转化率将会产生十分积极的影响。

（2）提高客服服务水平。客服服务是体现店铺服务水平的重要指标，客服人员要保障在线时长，使用多种媒体工具，比如微信、QQ、旺旺等，从而满足不同用户的差异化需求。不但要做好售前、售中服务，更要做好售后服务，因为交易达成仅是开始，想要延长客户生命周期，实现价值最大化，必须重视售后服务，提高用户对店铺的忠实度。

（3）商品描述要客观、有说服力。商品描述是消费者制定消费决策时的一项重要影响因素，拼多多卖家需要在商品描述方面投入大量资源，同时，结合消费需求及市场环境变化对其进行持续优化调整。

◎ 降低成本

（1）降低商品成本，对产品价格进行严格控制，尽可能地和上游制造商合作，避免中间环节的层层加价，最大程度让利消费者。

（2）降低物流成本，和快递商进行深度合作，通过高订单量降低物流成本，同时，快递商的优质服务又能给用户带来良好体验，刺激更多的重复购买，实现良性循环。

◎ **主动出击，进行网店推广**

（1）充分利用拼多多提供的节日免费营销活动，扩大商品销量。

（2）结合实际情况有选择地参加付费推广活动。

（3）和拼多多类目运营人员建立良好关系，争取得到更多的流量支持。

（4）举办线上线下店铺活动，给用户带来优惠的同时，使用户和店铺建立良好信任关系。

拼多多店铺提高店铺评分的方法

很多拼多多卖家会遇到申请参加活动被拒绝的情况，而其中系统给出的最常见的一个答复是“店铺近 90 天内评价总量必须达到 1000 及以上”，大部分卖家会感到困惑，评价量早已超过了 1000，为何还出现这种情况，是不是系统弄错了，或者是因为没有参加付费推广而故意不让参加活动？事实并非如此，此处要求的 1000 及以上的评价量，必须是有效评价量，并非所有的评价都会被计算为有效评价量。

何为拼多多的有效评价量？用公式表示就是：有效评价量 S = 评价总量 - 虚假评价（包括被屏蔽刷单量、违规评价量等）。需要指出的是，用户购买后没有评价的默认评价也算作有效评价。

有效评价作为拼多多卖家申请活动的一项重要考核指标，自然需要卖家给予高度重视，除了新品活动外，拼多多其他所有的活动几乎都对有效评价量设置了门槛。

目前，平多多还没有为商家提供查看有效评价量的途径，都是系统进行自动检测。而且拼多多根据有效评价为店铺进行评分，部分卖家的店铺评分也因此而下滑。

◎ 如何提高拼多多店铺的评分

拼多多店铺评分是根据和用户评价相关的描述符合度、物流服务、服务态度等综合制定的。该评分会直接影响店铺活动排名，从而对顾客消费决策产生影响，所以，拼多多卖家需要尽可能地提高店铺评分。

除了文字性的评价外，用户每次购买完后，还会对店铺打分，分值包括 1、2、3、4、5，分别对应着非常不满意、不满意、一般、满意、非常满意。当然，所有的卖家都希望得到 5 分，但从诸多实践案例来看，让用户给 5 分好评，绝非是一件简单的事情。

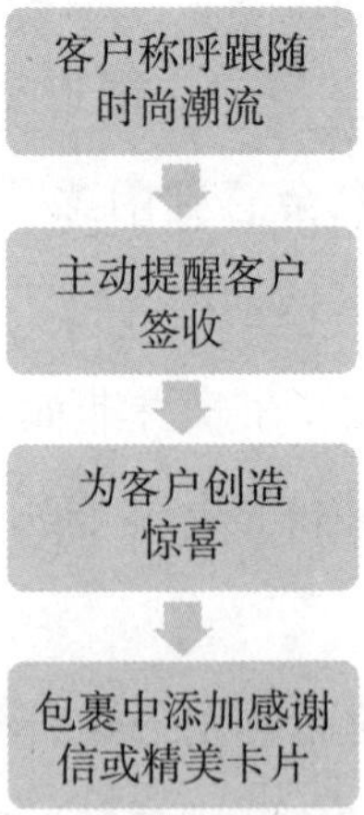

图 7 – 3　拼多多卖家提高客户评分策略

（1）对客户的称呼

称呼应该跟随时尚潮流而变化，一味地用“亲”会让人产生厌烦。同时，对客户的称呼要结合目标用户特性做出调整，对中老年用户用俏皮的称呼，会在他们心中留下负面印象。

客户提出的各种问题要及时解答，如果不知道答案可以告知用户“您稍等，我向专业人员请教后将会给您解答，还请您留下联系方式，以便在第一时间给您答复”。

（2）主动提醒客户签收

现阶段，电子商务已经渗透到了农村地区，为了解决最后一公里问题，很多快递公司设置了服务网点，客户需要前往网点收货，大部分情况下，网点工作人员会发短信或打电话告知用户前来取件，但有时难免会出现纰漏，所以，卖家主动为客户发送到货通知，提醒客户注意及时签收也是很有必要的。

（3）给客户一些小惊喜

很多拼多多卖家会在商品购买页面上标明购买后将会获得哪些赠品，此时，客户收到时，对赠品不会产生明显的心理波动。在条件允许的情况下，卖家可以为客户赠送一些在购买页面上没有提到的小礼品，这种小礼品并不一定要具有多么高的价值，能够传递出商家对客户的重视及尊重即可。

（4）包裹内附一些真诚的感谢信或者一张精美的卡片

虽然很多电商卖家会在包裹中放入感谢信，但很多感谢信毫无诚意，内容是随便在网上复制粘贴而来的，这很难打动用户。感谢信或卡片一定要显示出卖家的诚意，如果做不好就不要做，否则可能会弄巧成拙。

以上四点提高店铺评分的技巧建立在商品具有较高质量的基础之上，如果商品质量存在问题，无论采用何种技巧，也很难提高店铺评分。

平台商家优惠券设置技巧与规则

◎ 如何设置拼多多优惠券

如何设置拼多多优惠券？在这里对具体创建流程进行详细的梳

理与归纳。

（1）打开优惠券活动管理功能，使用“创建优惠券”；

（2）填写优惠券相关信息，启动限制功能，进行创建；

（3）优惠券创建完成之后，其信息会出现在列表页中；

（4）优惠券的设置工作结束后，想要修改优惠券数量的商家，应该点击“修改”按钮来实施调整；

（5）要想终止优惠券的发放，就要使用“结束”功能，在终止之前发放的优惠券，消费者仍可正常使用；

（6）在一天之内，经营者可推出五种优惠券，且不包括被删除的优惠券，与此同时，商家需要将优惠券列表中的优惠券数量控制在50种以内，对于那些超出活动期限的优惠券，可使用“删除”功能使其不再存留在列表中，但此前领取的用户仍可正常使用。

◎ 优惠券设置规则是什么

在设置拼多多优惠券时，商家需要遵循哪些规则？在这里总结为以下几点：

（1）优惠券的有效期：商家可根据自身需求进行设置，有效期范围为1至30天。

（2）设置权限：店铺主账号、管理者、运营人员拥有设置权，店铺的客服人员没有设置优惠券的权力。

（3）用户领取方式：用户可以从店铺详情页、支付下单页领取使用。

（4）优惠券面额与数量：在单次操作中，商家只能从多种面额中选择一种进行优惠券设置，且优惠券数量上限为五万张。在后期运营过程中，商家可以根据自身需要增发优惠券，其上限为一万张。优惠券的面额有17种，按面额大小排序依次为：2元、3元、4元、

5 元、6 元、8 元、10 元、15 元、20 元、30 元、40 元、50 元、100 元、200 元、300 元、600 元、999 元。

（5）应用范围：优惠券仅限于买家购买商品时用于抵扣商品价格费用。

商家在经营过程中需注意，如果店铺优惠券的面额大于等于其商品价格，店铺则需要承担亏损压力。针对这个问题，应该改用面额低于商品价格的优惠券，或者停止出售价格低的商品。

拼多多商家如何延长爆款周期

很多在拼多多平台开店的商家都认为只有价格低，产品销量才会好，就算引入质优价高的商品，也不会获得很好的销量。事实并非如此，消费者有不同的需求，需要不同价位的商品，商品销量与商品价格没有太大关系，只要有高超的营销技巧，商家就能延长爆款周期，提升产品销量。

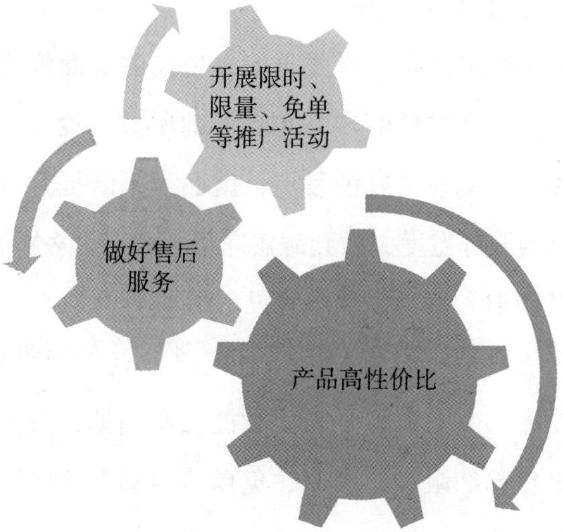

图 7－4 拼多多商家延长爆款周期策略

（1）拼多多产品：性价比高才是王道

拼多多平台销量最好、能实现长久销售的产品往往不是价格最低的产品，而是价格适中、评分较高的商品。在报名参加拼多多平台推出的活动时，商家必须在报名表格中填写产品材质，寄送样品，只有质量好、价格低的产品才能借活动获得较高的销量。也就是说，只有性价比高的产品才能帮商家在平台站稳脚跟，实现可持续发展。

（2）拼多多商家：做好售后服务，招揽更多回头客

商家不重视售后服务的原因很有可能是认为客户不会二次购买，只要达成一次交易即可，这样的商家注定会被时代淘汰。因为在拼多多平台，商家服务差会受到顾客的差评，其他顾客看到这些差评会敬而远之，久而久之，商家达成的交易会越来越少，店铺排名会越来越低，最终店铺将没有生意可做，不得不关店歇业。

反之，如果商家的服务态度好，不仅会吸引顾客重复购买，还有可能获得老顾客介绍的新顾客，进而提升店铺销量。所以，商家不要忽略顾客之间的口碑传播。

其实，传统的实体商业模式也好，现在的电商模式也罢，都要求商家诚信，拥有高质量的产品和良好的服务态度。所以，如果商家想在拼多多平台实现更好的发展，就必须不断提升自己的产品质量，优化自己的服务态度，做到诚实守信，获得更多顾客的认可。

（3）开展限时、限量、免单等推广活动

如果商家能打造一款爆款产品，就要让其作用得到最大程度、最长时间的发挥。商家要想延长爆款的生命周期，最简单的方法就是参加拼多多发起的限量、限时、免单等活动，从而让产品获得高销量、高排名。

一般来说，爆款的生命周期可以划分为三个时期，一是增长期，

二是稳定期，三是消退期，商家的主要任务就是要想方设法延长产品的稳定期，其中最好的方法就是推广。一般来说，推广费用越高，商品信息就越能实现精准投放，商家就越能获得更多目标顾客及更高的转化率。

7.3　拼多多直通车运营的实战操作与技巧

拼多多直通车的设置技巧与方法

现阶段，拼多多平台上的商家为了推广自己的产品和店铺会开通直通车，拼多多直通车的设置有很多技巧，具体分析如下。

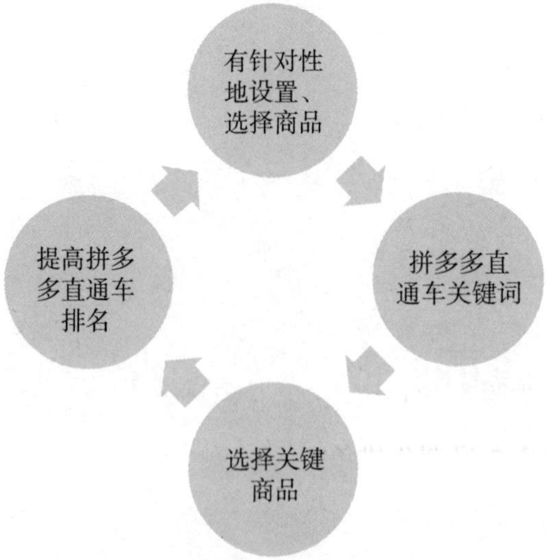

图7－5　拼多多直通车设置技巧与方法

◎ **有针对性地设置、选择商品**

商家刚开始接触直通车推广时，因为不了解直通车推广的效果，所以不会投入太多费用。其实商家不需要对所有商品进行直通车推广，只要有针对性地推广2~3种商品就可以，在这些商品积聚了一定的人气之后，商家可以将他们换下转而推广其他商品。这样一来，商家不仅可以节省推广费用，还能保证商品的推广效果。

至于这2~3种商品如何选择，就要看商品销量、库存、收藏次数，选择最具吸引力、最容易达成交易的商品进行推广。

◎ **拼多多直通车关键词**

为了保证直通车推广效果，商家要为商品设置精准的关键词。比如，某销售帆布包的商家，在设置商品关键词时要体现帆布包这个特性。因为消费者在拼多多平台搜索商品的行为具有一定的针对性，搜索的词语与自己需要的商品非常接近，比如消费者想购买一款帆布包，就会在搜索框输入“帆布包”字样，所以，商家要为自己的商品合理设置关键词，增加自己商品被搜索出来的概率。

◎ **选择关键商品**

关键商品往往具有一些特性，比如热销、特价、有销售记录等。相较于热销、特价来说，有销售记录的商品更有说服力。所以，商家在选择关键商品时最好选择一些有销售记录的商品。

◎ **提高拼多多直通车排名**

很多商家都认为将商品放到第一页最好，其实未必。一般情况下，大多数消费者在搜索、选购商品时都会查看前三页的商品，除非在第一页就找到令自己满意的商品，所以商家只要将自己的商品放到前三页就好，这样可以节省一大笔费用。

拼多多直通车流量推广实战攻略

直通车运营首先要做什么？选品。如果选品环节的工作没有做好，后续也就难以取得良好的营销效果。上新时应该将产品数量控制在合理范围内，提高对选品工作的重视程度。正确的做法是，寻找优势突出、产品价值表现明显的产品，这类产品要拥有绝对的质量保证，款数不必太多，只有这样才能在后续运营过程中冲击拼多多排名榜。

某些店铺上新的产品多种多样，举例来说，在经营服装产品的同时，还推出了包包、饰品等，但最终除了有限的几款商品外，大部分商品的销量都比较有限。所以，商家应该集中精力打造某一款或几款产品，锁定特定的目标客户群体，提高流量来源的稳定性。

关键词分为大词、热词、长尾词三种。其中，长尾词的竞争激烈程度通常较低，流量也不是很高，但获得排名的难度较低，能够精准锁定某些用户群体。所以，使用长尾词的目标客户，更容易实现转化。关键词对商品的表述越准确，越容易获得靠前的排名。至于具体的直通车运营计划，商家需在考虑自身资金实力的基础上具体制定，明确搜索量不同的关键词之间存在怎样的区别，根据自身需求做出合理选择。

如何制定产品标题？可以选出当年的大词，结合热词，再结合产品属性，并突出产品卖点，在后续运营过程中逐渐调整优化，形成完善的产品标题。无论是什么类型的产品，只要采用主关键词，结合长尾关键词，就能初步形成产品标题。良好的标题设置，能够提高产品的排名，为此，商家要根据自身情况采用具体的策略，以期迅速获取流量，并获得良好的平台排名。

如何实现产品关键词与标题之间的无缝对接？消费者会根据自身需求在平台上进行商品查找，这种行为具有较强的针对性。商家要依据自身经营的商品选择关键词。举例来说，想买运动服装的消费者，可能会搜索“秋冬运动服”“夏季运动服”这样的关键词。

商家要注重对关键词的选择，保证词语描述的内容符合产品属性，才能吸引目标消费者点击，进而促进产品的销售。换句话说，要提高关键词的针对性与准确性。

商家要利用数据分析，对商品关键词实施管理与优化，在运营一周或两周之后进行商品调整，筛选出访问量较低的商品，对其关键词进行修改，进一步优化访问量较高的商品的关键词。可以通过多多辅助宝了解自身商品的关键词排名情况，在逐步调整、优化过程中持续增加流量，根据关键词数据分析结果对其进行优化。

很多缺乏直通车运营经验的商家存在这样的误区：居于排名榜首就能保证最终的营销效果，但真实情况并非如此。消费者选购商品时，通常会将排名比较靠前的商品都拿出来，在综合对比分析之后再制定消费决策，所以，即便排在第一位也不意味着一定能够达到产品销售的目的。

拼多多直通车关键词的优化技巧

◎ 拼多多平台的一些优缺点以及玩法

（1）拼多多用户规模庞大，正处于流量红利期，而且有腾讯等资本巨头的支持，入驻平台的商家可以获得先天优势。

（2）拼多多平台给予商家流量支持，和已经相对成熟的淘宝相比，仍处于初级发展阶段的拼多多更愿意扶持中小卖家，比如，店铺的上新产品可以参加几乎没有门槛的新品活动，利用平台的前置展示位置，取得较高的曝光量。

(3) 拼多多采用社交电商模式，可以借助现象级社交平台微信以较低的成本实现裂变式传播。

(4) 参加拼多多平台活动时，平台会在一定时间内对商家资金进行冻结，而且对违规行为进行严厉惩罚，从诸多拼多多卖家分享的经营数据来看，月净利润达到 1 万元的商家需要的运作资金约为 10 万元。

(5) 拼多多商品价格较低，利润较薄，部分活动商品，拼多多平台还要求价格全网最低。这种情况下，商家可能不愿意在产品质量及服务方面投入较多的成本，从而导致用户体验不佳，给店铺经营造成一系列负面影响。

(6) 拼多多平台规则存在一定漏洞，比如，卖家为用户发货后，因为物流方未能及时更新数据，造成用户认为卖家没有在 48 小时内发货，而投诉不及时发货，虽然问题是出在物流方面，但拼多多平台对物流缺乏足够的约束力，最终还是要惩罚卖家。

◎ 拼多多直通车关键词的优化技巧

拼多多卖家使用直通车进行营销推广时，尤其需要做好关键词的优化工作，在这个过程中，卖家必须结合关键词的相关数据，对那些数据表现不佳的关键词进行及时更新，确保在搜索结果排名中处于靠前位置。当然，关键词数据表现不佳可能是由多种因素造成的。

有些情况是关键词没有曝光，这种问题是因为卖家参加直通车的商品没有足够的基础销量和有效评价，解决策略是先关闭商品推广计划，在商品取得一定的基础销量和评价后再进行推广。

有些情况是关键词曝光较少，综合排名 = 出价 × 质量得分，也就是说，导致关键词曝光量较低的因素包括两点：一是出价较低；二是关键词不够精准，卖家需要结合具体原因做出相应调整。在对关键词进行优化过程中，我们可以将关键词分为以下几种：

（1）曝光少、点击多的关键词

该类关键词有较大的增长潜能，可以通过适当提价或进一步优化，使其取得较高曝光量。

（2）曝光多、点击少的关键词

这类关键词给卖家创造的价值是相对有限的，而且点击率会影响关键词质量得分，从而拉低综合排名。点击量计算公式为：点击量 = 曝光量 × 点击率，如果曝光量没有问题，但点击少时，就会造成点击率较低，最终导致综合排名较低。对主图及短标题进行优化，以及删减不相关关键词是提高点击率的有效方式。

（3）曝光少、点击少、转化高的关键词

这种关键词是潜在的主关键词，商家可以适当提高出价，并观察其数据表现，如果转化效果较好，可以进一步提高出价，实现价值最大化，如果转化效果不佳，就要对其进行优化调整或直接删除。

（4）曝光多、点击多、转化低的关键词

结合诸多实践经验来看，这种关键词往往是一级类目词或部分需求旺盛商品相关的二级类目词，如果该词和商品属性关联度较低，可以直接放弃，否则可以适当降低出价，并对其实际表现进行实时监测。

（5）曝光多、点击多、转化高的词

这是商家需要主推的主关键词，需要深入发掘其价值，争取为店铺带来最高的曝光量及转化率。